今いる仲間で

「結果が出る会議」をつくる

組織学習経営コンサルタント
池本克之

LEADER

実務教育出版

はじめに

「会議とは何か」と問われたら、あなたはどう答えますか。優秀なリーダーなら「何らかの意思決定をする場である」と即座に答えが返ってくると思いますが、その意思決定のプロセスで、優秀なリーダーほど落ちやすい落とし穴があることをご存知でしょうか。かく言う私も、若い頃にその落とし穴に落ちてダメ会議を繰り返していました（序章）。

優秀で強いリーダーほど部下を管理したがり、会議も管理型になりがちです。会議となると演説が始まり、部下の意見に耳を貸さず、しかも何でも自分で決めてしまう。

これが**典型的なダメ会議**です。

ダメ会議が続けば、何を言っても意見を聞いてくれない上司に対し、部下たちは自ら発言しなくなっていきます。その結果、生まれるのが**指示待ち族**です。

一方、多様性の社会に根ざす現在の会社や組織で必要なのは、カリスマ型のリーダーシップではなく、チームの力を最大化するチームシップ（52ページ参照）です。そこに必要なのは、みなが発言できる会議と意思決定に部下たちが直接かかわっていくプロセスです。ボス型のリーダーシップはもはや意味をなさない。チームシップを高めるリーダーは、時代の要請と言ってもいいのではないでしょうか。

優秀なリーダーひとりで出した「10の結果」と、チームで出した「１００の結果」と、どちらがいいかは自明ですね。チームシップは生産性にも大きくかかわってくるのです。

本書では、チームシップを高め、確実に業績が上がっていく、今いるメンバーだけで結果を出す会議のやり方について、豊富な実例を交えながら解説しました。

新人リーダーはもちろん、業績が上がらなくて悩んでいるすべてのリーダーのみなさんに、ぜひお読みいただきたいと思います。

２０１９年５月

池本克之

今いる仲間で「結果が出る会議」をつくる！ 目次

序章

"優秀なリーダー"が必ず落ちる会議の落とし穴とは？

第1章 こう考えれば、バラバラなチームも必ずまとまる

第2章

これが、今いる仲間で「結果を出す」会議のやり方

第3章 みるみるチームの発言が増える4×4のしかけ

第4章

結果を出す会議は「課題発見力」で決まる

第5章

この会議後の「フォロー」で部下が動き続ける

序章のまとめ（P24〜）

ダメな会議とは……。

優秀で強いリーダーほど部下を管理したがる。
リーダーが強い管理型の会議では部下の自主性が育たない。
なぜか。

リーダー
- すべて自分で決めてしまう。
- 会議で演説。
- 部下の意見を聞かない。
- 時間の浪費。

↓

部下
- 何を言っても上司は聞いてくれない。
- 何をやっても文句を言われる。
- 面倒だから言われたことだけをやればいい。

↓

今いる企業に最適化された「指示待ち族」の誕生
有能なリーダーひとりではいい結果が出ない

↓

典型的なダメ会議

よい会議とは……。

会議とは、何らかの「意思決定」をする場である

マネジメントにおける世界の潮流は「ギャップ・アプローチ」（上意下達方向の課題解決セッション）から「ホール・システム・アプローチ」（メンバー全員が参加する課題解決セッション）へ。「ホール・システム・アプローチ」を使った会議こそ、結果が出るよい会議。そのやり方のポイントは……。

必要最低限の時間で、必ず全員が発言

↓

目標は上司が決めるのではなく、部下たちが自分で決める

↓

チームシップが機能

↓

確実に結果が出る

第1章のまとめ(P56〜)

チームの士気が低いのはなぜなのか。

それは、チームの中に対話がないから。

- 相手を邪魔なものと見ている。
- 相手を便利な道具と見ている。
- 相手を無関心な存在として見ている。

チームのメンバーは歯車ではない!

取り替えの利かない重要な存在!

車のエンジンは膨大な部品でできている。どんなに小さな部品にも役割があり、ひとつでも足りなければ車はきちんと動かない。動くとしてもすぐにトラブルが起こる。

「結果を出す」リーダーに必要なのは、
「価値感の共有」と「目標設定」だけ!

価値感の共有がないと部下の目標設定はバラバラ。

価値感は、チームのメンバーが
合意できるものでなければ意味がない。

チームの全員で価値感を共有

↓

価値感はわかりやすい言葉で表現

↓

リーダーは、事あるごとにチームの価値感をメンバーに伝える

↓

自分たちで目標を設定

↓

自分たちで決めた目標を達成することで、
チームとメンバーに最強の自信が生まれる

↓

成功体験ではなく、達成体験が生まれる

↓

士気の高いチームが生まれる

第2章のまとめ(P86〜)

どうすれば、チームのみんなが発言する会議になるのか?

会議の前に、事前ミーティング—「1on1」を取り入れる

- 週に一度、上司が部下の目標と進捗状況について確認。
- ヤフーをはじめ、多くの企業で効果が実証されている。

みんなが発言する会議の具体的手順

＊チームのメンバーが疲弊せずに成長する
「ホール・システム・アプローチ」を取り入れる。

第3章のまとめ(P146〜)

どうすればチームの発言は増えるのか？

発言が増える4つのしかけ (153ページ〜)

①共感が得られるよう、何を中心にまとめるかを設定する

②行動するよう、具体的な数値の計画を立てる

③評価基準を決める

④学びが習慣化されるよう、しくみ化する

発言が増える4つのルール (161ページ〜)

①俯瞰力

②誰もが自由に発言できる空気

③メンバーの無関心をなくす

④原則として全員参加、途中入退場禁止

発言が増えていく4つのステップ （165ページ～）

①お互いの立場、考え方、背景が理解されることでメンバーの関係性が深まる

②コミュニケーションがレベルアップすることでメンバーの関係がよくなる

③目的に対する意識が共有されることでチームの成績や能力が上がる

④メンバーの行動が劇的に変わる

発言が増える4つの確認事項 （166ページ～）

①開催の目的（抱いている仮設や期待）

②解決するべき優先課題

③目標

④プログラムの内容

第4章のまとめ(P170～)

どうすれば正しい課題を発見できるのか？

無駄な業務を評価しない

部下に疑問を持たせる

チームで戦うためにリーダーシップを封印

↓

「口だけ出して動かない上司」こそ課題発見力のあるリーダー

課題発見力こそが、結果が出る会議の最重要ポイント！

課題発見力と課題解決力４つのタイプ

①

課題の本質を見つけられず、
正しい行動ができない

②

課題の本質は見つけられないが、
正しい行動ができる

③

課題の本質は見つけられるが、
正しい行動ができない

④

課題の本質を見つけ、
正しい行動ができる

（189ページ参照）

第5章のまとめ(P196〜)

結果が出る会議で一番大切なこと、
それがアフターフォロー

世の中にはその場限りの会議が多い。

その場限り、言いっぱなし、フォローなし。

最後まで決めたことを追いかけないからウヤムヤで終わる。

↓

アフターフォローのない会議は何もやっていないのと同じ!

結果が出る会議・アフターフォロー7か条

1, 役割分担、進行管理はすべてチームのメンバーに決めさせる

2, 口を出さずに結果を出させる

3, 失敗しても追及しない

4, 量より質ではなく、質より量を評価する

5, 管理せずに結果を出させる法

6, 高すぎる計画は立てさせない

7, しくみ化できないものは評価しない

・編集　　　松原健一（実務教育出版）
・構成　　　加藤順平（ミドルマン）
・協力　　　樺木 宏（プレスコンサルティング）
　　　　　　Office Yuki
　　　　　　齋藤みゆき
・装幀　　　三枝未央
・イラスト　中根ゆたか
・DTP　　　キャップス

序章

優秀なリーダーが必ず落ちる会議の落とし穴とは？

自分ひとりで仕事を回すことに限界を感じて「やっとわかったこと」

「この人たちが、今日からあなたの部下です」

ある日、そう言われて7名を紹介されました。

新卒で入社したのは「アポロリース」という仙台に本社があるノンバンク系の会社でした。1年目に異例と言える大阪転勤があったものの、24歳には東京に異動することになりました。入社3年目にして、これまた異例の係長となり、最年少という立場で部下を率いることになりました。その頃の私といえば……完全に天狗になっていました。異例の昇進は、同期の中でダントツで成績が良かったからなし得たことですし、すぐに年上を含めて7名の部下を抱えることになったのですから、仕方なかったのかもしれません。

さて、世の中には「銀行からお金を借りられない会社」が存在します。アポロリースは、銀行からお金を借り、よその会社にお金を貸すという、おおまかに言えばそのような仕事をしていました。私が行っていた主な業務内容は資金調達とその管理です。銀行からの借入金は約2700億円。私が管理している件数は約2000件。そのほとんどが毎月、利息の支払い期限を迎えます。

当時はバブル時代ということもあり、借入金は年々増えていきました。私が辞める7年間で約1兆円まで増えていたほどです。当然、件数も途方もない数字になりますし、支払い処理をしなければなりません。今なら、エクセルや管理ソフトを使って一瞬で終わるような作業ですが、当時はまだPCもない時代。部署に1台だけあった大きなコンピューター、いわゆる「オフコン」を駆使して処理をしていました。オフコンから打ち出された帳票を契約と照らし合わせてチェックするのですが、たまに1円単位で間違っていることもあり、その場合は手作業で伝票を直す。このような作業が2000件余。まさに気の遠くなるような作業でした。

銀行へ借り入れ交渉にも行きましたし、交渉用の資料も作成していました。同時並行で、ただでさえ手間のかかる資産管理業務、100億円単位での資産運用も行っていました。とんでもない作業量でしたが、当時の私は燃えに燃えていました。

◎部下には仕事をまかせない、手柄はひとり占め…

学生時代、お店のデコレーションや遊園地の飾り付けをする会社でアルバイトをしていた私は、月に20万円稼いでいました。ところが、新卒で入社したこちらの会社の初任給は14万5000円。「年収1000万円」の目標を掲げていた私にはショッキングなスタートでした。

当時課長だった40歳くらいのOさんにそのことを伝えると、ニヤリと笑って、

「俺は課長だけど、いくらもらってるか知っているか？」

と聞かれました。

「600～700万円くらいはもらっているのですか？」

と答えるとニカーっと笑ってこう言うのです。

「450万円だ」

これは厳しいなと思いました。「年収1000万円は、相当出世しないと無理だ」と痛感しました。しかし、入社してしまったのですからまずは結果を出すしかありません。

覚悟を決めた私は、人の何倍も働こうとして、誰よりも早く会社に行き、誰よりも遅くまで仕事をしました。


こう言うと、かっこつけているようですが、当時の私は年収を1000万円にすることしか考えていませんでした。歩合制はなかったので、いい成績を出して、いい評価を受けて、出世して給料を上げるしかないわけです。まともなビジネスパーソンであれば、部下を上手に使って大きなプロジェクトを次々と成功させていくのでしょうが、当時の私にとって部下は「道具」とすら思ってもいない、ただただ邪魔な存在でした。

なぜなら、部下たちに任せると、自分の仕事が減り、手柄も減ると思っていたからです。

会社組織に属しているので、形式的に部下へ仕事を割り振るのですが、「効率のいい仕

事の方法」をあえて教えませんでした。わざと非効率な方法で作業させ、定時には帰らせる。当然、やらないといけない作業が残っているので、そのすべてを私が引き受けていました。自分が抱えている仕事が１００あるとすると、部下の分も働いて１２０の仕事をしていたのです。そして、１２０の報酬をもらおうとしていました。

◎上司失格の私を評価し続けた会社

上司失格ですが、幸か不幸か、会社はそんな私を評価してくれました。

「部下のAが３日かかってもできなかったことを、池本君は一晩でやったらしいよ」

と、評判になっていたのです。

私は効率のいい方法を知っていますし、部下には効率の悪いやり方でしかやらせていない。

我ながら、ひどい話だと思います。そんな働き方をしていたので、部下の話などまったく聞いていませんし、指示しかしていませんでした。やる気に満ち溢れて入社してきた部下たちも、みるみるうちにやる気をなくしていきます。

当然でしょう。そもそも下っ端は基本給が少ないうえに、私が早く帰らせてしまうから残業代もほぼ出ません。私はというと、評価がうなぎのぼり。残業も月に２００時間はしていました。

今になって振り返ってみると、本当に部下を信用していなかったし、仕事も任せようとしなかった。手柄のために全部自分でやろうとするし、チームを率いることなどまったく考えていませんでした。

ようやく部下に任せられるようになったのは、結局この会社を辞めてから。それも、自分ひとりで仕事を回すことに限界を感じたからでした。

リーダーが強い管理型の会議では、メンバーの自主性が育たない

当時の私は、まさに「問題のあるリーダー」を絵に描いたような存在でした。

部下を集めて会議も行いましたが、その頃のやり取りはこんな具合でした。

私　「今日の仕事は何があるの？」

部下「今日は〇〇と××をやります」

私　「それじゃダメだろ。〇〇も××も△△もやれ。はい、終わり。各自仕事をしてください」

典型的な「失敗パターン」を地で行く内容です。

その後、私は上場企業の社長を務めるなど、ビジネスパーソンとしてさまざまな経験を積み、その間にいろいろな会議に出席してきました。そうして典型的なダメパターンが見えるようになっています。

ダメな会議というのは、まず出席しているメンバーの話を聞きません。本来あるべき姿は、上下関係のないフラットで双方向のコミュニケーションですが、一方通行になりがちです。当然、部下が自主性を発揮することはできません。いや、発揮する隙がない言ったほうが正しいでしょうか。

現在、私は経営コンサルタントとして多くの企業にアドバイスを行っていますが、昔の私のようにダメダメな会議を開いている経営者を数多く見てきました。特に、中小企業のオーナー社長に目立つのが、指示・命令型の会議です。「会議」とは名ばかりに、ほぼ社長による演説会で、しかも毎度毎度同じ話をしています。

事例① 「あいつらはいつも仕事が遅い」と嘆く社長が量産する「指示待ち族」

ここで具体例をお話ししましょう。

社員のことを「あいつらはいつも仕事が遅い」と嘆く、ある社長がいます。

「社員たちに、〇〇という作業をやらせたいのだが、なぜかみんな嫌がる。それが不思議でしょうがない。営業で回って帰ってきてからでも、10分あればちょいちょいとやれるはずだろ」

とおっしゃいます。

社員のほうに話を聞いていると、状況は180度違っていました。社長であれば、もろもろの確認や判断を端折《はしょ》ることができます。加えて、社長が顔を出せばすぐに決まる営業案件でも、社員は社長のようには行きません。どう考えても「ちょいちょい」では終わらないのが社員の仕事です。

ヒアリングを行うと、社員たちは、何をさておいても、「忙しすぎる状況の改善」を望んでいました。

この会社は、個人と法人向けのサービスをどちらも扱っているのですが、社員の言い分としては、

「手間は同じなので、法人向けのサービスを増やせば売上をキープしながら件数を減らすことができる」

というもの。この内容を社長に伝えたところ、

「何を言っているんだ！　個人向けのサービスこそ、この業界の基本のキだろ！」

と聞く耳を持ちません。

当然、社員からは総スカンを食らうので、優秀な人から辞めてしまいます。残っている

のは、社長の意見を無視できるくらい成績を残している優秀な社員か鈍感な社員、そして指示待ち族です。特に指示待ち族が多数を占めていました。

指示待ち族を多く生んでしまうのは、当然の流れでしょう。社長に何か言っても無駄だとわかっているからです。むしろ、下手に社長に口出ししようものなら、その100倍言い返されてしまう。何度も聞かされている独演会も始まってしまいます。社員はその時間ももったいないので、とにかく社長から言われたことに対して「はい、わかりました」と言って何もしなくなる。

運悪く、社長の機嫌が悪いときだと、

「どうしてうちの社員は発言しないんだ！」

と鬼の形相で会議に参加する社員たちに発言を促します。社員も意を決して「では言いますが……」と口を開こうものなら、「そんなの間違ってるんじゃー！」と100倍返しが待っています。

さらに、この手の社長や上司というのは、言うことがコロコロと変わります。意欲的に動いても鶴の一声ですべて台無しにされる可能性が高いので、当然消極的になります。

「指示しておいたあの件、やっているのか？」

「やっています」

「どうなんだ？」

「大丈夫です」

社員は、お客への納品など必要最低限の仕事はこなしますが、それ以上の仕事もしません。

何もしなくても怒られるのですが、余計なことをしても怒られます。どっちにしろ怒られるのであれば、言われたことだけやっておいたほうがいい。「もっとやれ」と言われたら「わかりました！」と言っておき、気分が変わって「やめろ」と言われたら素直にやめる。

自主性がなくなった指示待ち族を大量生産する理由はこれです。

◎企業に最適化した指示待ち族の誕生

この会社に限らず、長く続いているオーナー企業には、「指示待ちのプロ中のプロ」がゴロゴロといます。彼らは、社長の顔色をうかがって、仕事をしているフリが非常に上手《うま》い。大した仕事はしなくても決まった給料はもらえるし、社長に逆らわなければ気に入ってもらえるというインセンティブもあります。ある程度の年齢になれば、役員などのポジションが待っています。評価も、営業成績というよりは、社長に気に入られるかどうかが重要。社長からすると、そばに置いておくのが心地いいからです。自主性はありませんが、そういう人が出世するので、部下たちもそれを見てマネします。転職できる状況であれば、そんな会社から脱出しますが、そうではない場合はしがみつこうとする。

こうやって**企業に最適化した指示待ち族**が生まれていきます。

こういう企業にありがちなのは、「自分は理解がある」と社長が思っていることです。しかも、ものすごく勉強熱心。だから、社員が自主性を持つような取り組みを会社として行っていると信じ込んでいる。社員の生産性を上げるどころか、落としてしかいないにもかかわらずです。

この話を「オーナー企業だから」などと他人事だと思ってはいけません。この本を手に取ってくださった方は、企業の中で何かしらの役職があり、「リーダー」と呼ばれたり、部下を率いる立場でしょう。先ほど例に出した社長や昔の私のように、**リーダーが力で管理するタイプの会議を続けていると、メンバーたちはみるみるうちに自主性をなくしていく**の要注意です。

すべての参加者が発言できるのが、本当にいい会議

「会議」とは、**意思決定を行う場**です。必要な人と必要な情報があらかじめ集まっており、できるだけ短時間で、できるだけ全員参加のほうがいい。

残念ながら、日本の多くの企業で、この基本的なことができていない会議が多く見られます。

特にダメな会議は**「時間の浪費」**になっているもの。先述したような、社長や上司の演説会になっているパターンがまずひとつ。もうひとつは、**提案者が自分で決めようとせず、決裁権がある人に決めてもらおうとしている会議**です。

「今、○○という条件が揃《そろ》っています。さらに××と考える材料がありますが、新しいプロジェクトはどうしたらいいでしょうか？」

このような発言は提案ではありませんね。

「今、○○という条件が揃《そろ》っています。さらに××と考える材料がありますので、私は△△がいいと思います。ご意見をお聞かせください」

これが提案型の発言です。

先の発言はリスクを恐れて責任を取りたくないのか、あるいは提案したくてもできない状況が影響している可能性が高いでしょう。提案型の発言ができない理由は、ひとえに社長や上司がいつも提案をぶち壊しているからです。

このような経験がありませんか？

あなた「この案件については、○○○○のようにしたらいいと思います」
上司　「アホか。ダメだ、そんなの。△△△△に決まっているだろう」

こんなことが続けば、部下は「だったら、最初から決めてくれ」と思うのが普通でしょう。せっかく時間をかけ、苦労して情報を集めてきても、過去の慣例や気分で一蹴されてしまうのですから。上司や社長の好き嫌いで物事が決まるのなら、準備なんかしなくていいですし、自ら提案する気もなくなります。

却下されるとしても、合理的で納得できる理由があれば問題ありません。部下も納得せざるを得ないでしょう。ところが、先入観や好き嫌い、感情など非合理的な理由で提案を否定されることが圧倒的に多いのではないでしょうか。

こうなると部下は、「こんなのやっていられない」と転職するか、その会社に最適化するパターンになりますが、いずれも会社にとってプラスにはなりません。

事例② ハワイの子会社出向で知った価値ある会議の中身

ここで、話題を私のアポロリース会社時代に戻します。

90年代のはじめ頃のことでした。ハワイのホテルを所有しているAという会社があったのですが、バブル崩壊によって返済の目処が立たなくなりました。最終的には「物納」といって、お金の代わりにハワイのホテルを返してもらうことで話がまとまりました。しかし、ホテルを放っておくこともできません。そこで白羽の矢が立ったのが私でした。

突然に海外の不動産を管理する子会社に出向になりました。

それまで私が所属していた部門といえば、まるで銀行のような雰囲気でした。白シャツ着用が暗黙のルールで、上司が帰るまで帰ってはいけないという掟《おきて》もありました。会議は「部長の演説会」でしたし、私も会議の場で部下に一方的に指示していました。

それが子会社に行くと状況が一変します。

私の他には外部から呼ばれたH社長だけ。たった2人の子会社です。聞けばH社長はアメリカの大学出身で、外資系の広告代理店を渡り歩き、アメリカの飲料メーカーの販売会社で、当時の日本人トップの方でした。顔は日本人ですが、思考は完全にアメリカン。そんなH社長とともに、仕事をすることになったのです。

ある日、夜遅くなってもHさんがなかなか帰らないので、私がデスクで時間を潰していたときのことです。

「池本、一体何をやっているんだ！　自分の仕事が終わったら早く帰れ。別にやることがないなら、明日も会社に来る必要ないぞ」

こうH社長に言われたのです。

この出会いが、以後、私の働き方に大きな影響を与えることになったのでした。

◎会議の時間が短い。参加者は全員発言

2人の会社でしたが、ハワイに飛び、現地のホテルスタッフたちと幾度となく会議を重ねる必要がありました。この会議のやり方に、私はカルチャーショックを受けたのです。

驚いたのは、「会議時間の長さ」です。必要最低限の時間しか会議を行わないのです。会議が始まる直前には誰が言うともなくボードにアジェンダ（議題）を書き始めます。すると、参加者が、

「これもアジェンダに入れてくれ」

「この話もしようよ」

と提案していく。多くなったときには、それぞれの所要時間を調整し、決められた時間内に終わらせようとしていました。

さらに、会議では**どんなに短時間でもほぼ全員が発言**していました。H社長は必要最低限しか発言しません。しかも議長や進行役がアジェンダごとに代わっていきます。

「社長どうですか？」といったお伺いもなし。意見があれば、H社長も発言します。何も言わないということはOKサインです。

上司が95％話し、長時間拘束され、提案しても気分で一蹴される、そんなこれまでの会議は一体何だったのか。

強い衝撃を受けた私は、それまでの会議のスタイルは即中止。Hさんの会議のやり方をマネするようになりました。

子会社に行くことがなければ、そしてHさんのもとで会議に参加しなければ、ダメダメな会議を私はさらに続けていたでしょう。その後、Hさんからは海外流のマーケティング手法や、今回読者のみなさんにお伝えする**TDC*****（チームシップ・ディスカバリー・キャンプ）**の基になるようなことを教えてもらうようになっていきます。

＊従来の「**課題解決型セッション（ギャップ・アプローチ）**」に、メンバー間の相互理解を深め、チーム力を増強するのに効果的な、全員参加の「ホールシステム・アプローチ（ポジティブ・アプローチ）」の要素を付加することにより、課題解決をより効率的、効果的に達成することができる組織学習プログラム。

ここで、いったん正しい会議についてまとめておきましょう。

正しい会議とは「意思を決定する場」であり、いい会議とは、「参加するスタッフが全員発言できる会議」である。

成果主義はやる気を出す原因にもなるが、なくす原因にもなる

結果が出る会議をつくるには、**「自主性」がキーワード**となります。部下たちに自主性を発揮してもらうには、「成果主義」はひとつの解決法になるかもしれません。インセンティブを用意すれば、結果が出た分、報われるので必死にがんばろうとします。

ところが、これは諸《もろ》刃《は》の剣で、インセンティブがないと仕事をしないメンバーを生みかねないという欠点があることも考慮しなければいけません。さらに、社員の中には大きな成果を望んでいないメンバーもいます。そういったメンバーに、「成果を出せば給料が上がるよ」と話しても心に響くわけがありません。

◎上昇志向が強い人は自分の価値感を押しつけたがる

振り返れば、私はモチベーションが異常に高く、強い上昇志向がありました。そして、

「同僚も私と同じはずだ」と思い込んでいました。

当然ですが、**職場にはいろいろなタイプの人間がいます。スキルアップのためにもっと働きたいと思っている人や出世競争に命を賭けている人がいる一方、ワークライフバランスを大事にしたいと思っていたり、とにかくプライベート優先で面倒な作業は極力避けたい人など、十人十色です。**私は、こんな当たり前の事実に気づくまでに、結構な時間がかかってしまいました。

上昇志向の強い人がリーダーになると、往々にして自分の価値観をチームに押しつけがちです。しかし、上昇志向が強くない人にとっては、ただのストレスやプレッシャーになるだけ。そういった状況では、本来持っている力も十分に発揮できないでしょう。

さらに、上昇志向の強すぎるリーダーの強烈な目標設定に、メンバーがついていけてないことも珍しくありません。

リーダーがどんなに立派な構想や目標を語っても、それこそ「上司の演説」になるだけでしょう。コミットできない目標では、メンバーは動きません。仮にインセンティブを提示したところで、アンバランスなギブ・アンド・テイクになってしまいます。

この関係の中には、時間とお金を交換する以外の価値がありません。今いる仲間で強いチームをつくろうとしているのに、「チーム一丸」という状況からどんどん遠ざかってしまいます。

上昇志向の強いリーダーと、そこまでがんばれないメンバー。その両者のギャップを埋めないと、せっかくのしくみも機能しないのです。間違っても、価値観を押しつけてはいけません。押しつければ押しつけるほど、メンバーはあなたから距離をおくようになっていくでしょう。だからといって、成果主義やお金だけで解決できる問題ではありません。そもそも給料を増やせる決裁権が必要ですし、もしその決裁権があっても、給料の原資も限られていますから、湯水のように使えるわけでもありません。

◎成果主義は正しい会議に悪影響を与える

ここで私の実体験をお話しします。

新卒で入社した会社を数年で辞めたあと、私はある保険会社に転職しました。

保険会社には完全歩合制で働く営業マンが多く、彼らの生態を見ていると、会社の言っていることは二の次のようでした。一番の関心事は、いいお客さんから大きな契約を取ること。経営者の言っていることに従って成果が得られればいいのですが、営業マンと経営者とではやっていることが違いますし、経営者はセールスのプロでもありません。

結局、経営の決定したことは営業マンの頭の中にはほぼないのです。

こんな状況ですから、会議で決定され手法や目標をあまり気にしない。会議で決まった内容であろうがなかろうが、成果が出る方法が一番。結局、**会議の決定事項よりも、自分**

たちが正しいと思うことを優先する事態になっていました。

日本で欧米型のいわゆる成果主義が導入されて20年近くが経過しようとしています。この**成果主義という考え方は、こうして「正しい会議のあり方」に悪影響**を与えてしまいます。

つまり、完全歩合制度、成果報酬制度になると、成果をたくさんあげた人の力が強くなるという当たり前のことが起きて、会議で決定されたことも、その人たちの興味・関心事でなければ受け入れられないのです。

会議と成功報酬の関係では、そういうことになります。チームづくりの際、成果主義は一番気を使わねばなりません。チームのまとまりがなくなりがちだからです。

あなたのスタッフは、なぜそんなにも疲弊するのか

これまでのマネジメントといえば、「目標を設定し、現状と目標地点とのギャップを比べる」という手法が取られてきました。

これは、**「ギャップ・アプローチ」**や**「課題解決型」**のマネジメント手法で、大まかに言えば担当者が課題を整理し、会議等で目標を設定。方法論や解決策を見出すという流れです。

「今、何が足りないか」

「これから何をすべきか」

こうした課題は発見しやすいため、数多くの会社で採用されてきたマネジメント手法で、たしかに現状と課題とのギャップを埋められれば、時間とともに上の目標に近づいていきます。また、課題解決に時間がかからないなど、メリットもあります。

しかし、往々にして、このやり方だと最終的に社長や上司が一方的に目標を決めてしまうパターンになりがちなのです。

このやり方のデメリットは、課題にかかわるメンバー全員の思いを反映した目標になりにくいということと、メンバーが納得した目標でなければ、**上手くいったとしても、いかなかったとしても、プロセスでメンバーが疲弊してしまうという**ことです。

ある社員の目標が、置かれている状況に照らし合わせて「売上10％アップ」が最適であると導き出されたとします。しかし、上司は10％アップではなかなか納得しないでしょう。

このとき、

「いや、お前は30％アップだ。お前ならできる！」

と上司は部下に高い目標を押しつけがちです。

この「30％アップ」は、かなりがんばらないと届かない目標です。多くの社員は真面目なので、多少無理な目標でも必死になって達成しようと行動するでしょう。結局、現実的な着地点である「10％アップ」程度に落ち着くのでしょうが、数字にしか興味がない上司なら、

「俺が30％アップと言わなければ、お前らは10％アップも達成できなかっただろう」

などと言うかもしれません。

「めでたし、めでたし」ではありません。このとき、部下たちはかなり無理をしていますから、メンタルを傷める人が出たり、つらくなって辞める人が出たりするわけです。

あなたのまわりに、

「イキイキしていない」

「楽しそうに仕事をしていない」

という社員はいないでしょうか。そういったメンバーは、ギャップ・アプローチによって、心が傷んでいる可能性があります。

世界の会議は「ギャップ・アプローチ」から「ホールシステム・アプローチ」へ

いかなる企業も、売上を伸ばし、利益を増やし、成長していかなければなりません。成長しなければ、やがては整理せざるを得なくなるのが企業の宿命だからです。企業が成長するためには、社員一人ひとりの成長が欠かせません。しかし高い目標を設定しないと、いくら真面目な社員でも、現状に甘んじて成長の機会を逃すのも事実でしょう。その意味で、高い目標設定を否定するわけではありません。ただし、これまで多用されてきたギャップ・アプローチ的な手方では、社員が疲弊しやすくなります。

疲弊させずに社員の成長を促すにはどうすればいいのでしょうか。

「ホールシステム・アプローチ」というマネジメント手法がその解決に力を発揮します。上の立場の者が部下の目標を決め、その目標に向かってケツを叩く「ギャップ・アプローチ」とは対を成す考え方で、「ホール」が「全体」を指していることでもわかるように、全員で物事を決めていくというのが特徴です。課題にかかわるすべてのスタッフで話し合い、お互いが理解し合いながら、目標設定などにつなげていきます。

「今年の村祭りをどうするか」と、村人が神社に集まってみんなで話し合うようなイメージで、参加メンバー全員でひとつの物事を決めて、合意のもとに進めていくというやり方です。

ギャップ・アプローチのデメリットを補うものとして、世界の会議で現在主流になりつつある手法がこれです。

実際、私が保険会社に勤務をしていたときも、アメリカ式の人材育成プログラムが導入されており、ホールシステム・アプローチに近い形で、お互いの話を聞き合っていました。**課題にかかわるすべての人が車座になり、各個人の思いや、現状に至るまでの人生のストーリーを語り合い、それらを全員で共有**します。これがその後の組織行動に劇的な変化を与えていました。

先述した、ギャップ・アプローチと比べてみましょう。

ホールシステム・アプローチは、「ホール」というだけあり、参加者を限定するのではなく、その課題にかかわるすべての人が一同に会して話し合うことを推奨しています。そして、合意形成ができているので、一度決まった目標に対して不満が出にくいのです。

合意のもとで目標に向かうので、先ほどの目標の例でいえば、無理なく10%アップにいくのです。上はもっと成長を望むでしょう。

「いや、30％アップ目指そうよ」

と思うはずです。ところが、ここで上司が一方的に30％アップという目標設定を強制すると、ホールシステム・アプローチではなくなります。

上司が「もうちょっと高い目標設定をしてほしい」という意見だとしたら、

「でも、10％ではちょっと低すぎないか」

↓

「そうですねえ……では15％にしましょうか？」

というふうに、お互いの中間点で決めるようになります。このとき、現実的な着地点である「10％アップ」よりも高い目標設定になりますが、お互い納得していますから、

「よし、15％アップならやるか！」

という気になるし、上司としても、

「みんながそう言っているから、本当は30％欲しいけれど、まあ15％でも悪くないか」

というように合意が形成されます。

現実のビジネスの世界では、これほどシンプルな構図にはなりませんが、ホールシステム・アプローチならステップをきちんと踏んでいきますから、ストレスなく疲弊もせずに、高い目標に進んでいくことができるのです。

◎多様性の時代に向いているのは「ホールシステム・アプローチ」

よく、「ギャップ・アプローチとホールシステム・アプローチ、どちらがいいですか？」と聞かれます。

私は、「別にどちらでもいい」と答えます。

企業や組織として〝成果を出せればいい〟のであって、ギャップ・アプローチが向いている組織ならばそれでいいからです。

一方、現実問題として、時代背景などに照らし合わせてみると、ギャップ・アプローチに合わないメンバーが増えていると言えるのではないでしょうか。

LGBT（セクシャル・マイノリティ）をはじめ**多様性が広がっていることも大きな背景としてあるでしょう。新入社員時代の私のようにとにかく稼ごうと思う人もいれば、ワークライフバランスを重視する人もいる。世の中には、いろいろな人がいますし、さまざまな情報が溢れています。**

特に、最近の若い社員たちは、上から「やれ！」と言われても「その方法が一番いいの？」と疑ってしまうもの。「なんか違うんだよなあ」と思われてしまうと、フルパフォーマンスを発揮して働くことは難しくなるでしょう。

多様性のある社会では、みんなで意見を出し合いながら穏やかに物事を決めていくホールシステム・アプローチのほうが適していると言えるでしょう。特に、社長や上司の判断で、「いいからやれ!」という一方的なやり方では、今時の部下はなかなか動かなくなっています。一応動くけれど嫌々だったり、自主性が皆無なこともあるでしょう。

加えて、先ほど触れた成果報酬制度についても、導入前に騒がれていたほど日本社会に根づいていないように思えます。私はその理由を、ギャップ・アプローチ的な進め方で、猪突猛進でやるようなワークスタイルが合わなくなってきたからではないかと分析しています。

つまり、ホールシステム・アプローチの方向へ世界が動いているのは、理由あってのことと言えるのではないでしょうか。そして、このホールシステム・アプローチをベースにして編み出した会議のメソッドをみなさんにお伝えすることが、本書の目的です。

「チームシップ」の時代に乗り遅れるな

結果を出す組織やチームをつくるには、何が必要かご存知でしょうか? きっと多くの人が「有能なリーダー」と答えるのではないでしょうか。しかし、**有能なリーダーがいるからといって、必ずしもいい結果を出せるとは限りません。**

まず、有能な人物は、人に仕事を任せようとしない傾向が強くあります。人に仕事を教える行為は、思っている以上に骨が折れる作業です。一度覚えてくれると早くなるのですが、きちんと理解してもらうには時間がかかるし、覚えるまでには何度もミスをするでしょう。あなたが、やり直しをしないといけない場面も出てくるでしょう。そんなフォローも含めて、根気強く付き合っていく必要があります。また疑問点や不明点を事あるごとに質問されるので、その間は自分の仕事を中断しなくてはいけません。

昨今の企業というのは、優秀な人により仕事が集まるようになっています。優秀なリーダーのもとにもたくさんの仕事が舞い込んできますから、時間が足りません。すると、有能な人ほどますます「人に仕事を教えるより、自分でやってしまったほうが早い」と考えるようになってしまうのです。

自分よりも経験が浅く、知識やスキル、ノウハウもない部下たちがやるのですから、自分よりも時間がかかったり、思うような結果が出ないのは当然です。

会社だって、たったひとりでがんばって成果をあげる人材よりも、チームとして200も300も、それ以上の成果をあげてくれる人材を今は求めています。

つまり、**有能なリーダーがひとりいるだけでは、組織の業績は上がりません。ひとりの**

リーダーが2倍、3倍働いても2人分、3人分にしかなりません。リーダーが一人前でも、スタッフがみな半人前だったら、チームの業績も半人前になってしまうのです。

悪い影響が及ぶのは、業績だけではありません。**人に教えようとせず、自分ですべてやってしまうリーダーのもとでは、スタッフのモチベーションが著しく落ちてしまいます。**人がやる気を出すのは、目標に自分がコミットしていたり、目標が自分事になっているときです。

ただ言われたとおりのことをやるだけでは、仕事の意味もわからず、やりがいも感じられず、モチベーションはすぐに落ちてしまいます。そうなると、

「この会社は合わない」

「ここでは成長できない」

と言って辞めてしまったり、仕事は仕事と割り切る人も出てくるでしょう。これは指示待ち族予備軍です。

そして、有能なリーダーは、そんな部下たちの姿を見て不信感を募らせます。

「俺はこんなにがんばってるのに、何なんだよ！」

結果的にチームワークが悪くなり、さらなる業績不振につながっていきます。

当然、チームにまとまりもなくなるでしょう。部下やメンバーたちは、リーダーから言われることは一応はやるので、一見チームワークが機能しているように見えます。しかし、

目標はあるのに同じ方向を向いていない状況になったり、あるいは心がひとつになっていない状況になるのです。

◎ボス型リーダーシップは完全に時代遅れ

ギャップ・アプローチにしろ、ホールシステム・アプローチしろ、チームとして目標が決まっても、全員が同じ方向を向いていない場合があります。あるいは、みんな決められた仕事はするものの、協力関係がなくなったり、チームワークは機能しているように見えるものの、メンバーがどこか〝一丸〟となっていなかったりします。

これは「チームシップ」が機能していない状態です。**チームシップとは、チーム内の地位や役割に関係なく、メンバー一人ひとりがお互いを理解し、チームのために成長していくこと。**また、**チームシップが機能していないと、メンバー一人ひとりが力をフルに発揮できません。チームとしても大きな目標を達成することはできません。**そして、言わずもがな、**会社としても成長していくことは難しい**でしょう。

この**チームシップの対義語が、リーダーシップ**です。

リーダーというと、威厳を持って部下に指示を出し、まわりを動かしていくようなイメージがあるのではないでしょうか。かつてはリーダーシップやカリスマ性を持った経営者が、ぐいぐい組織を引っ張っていくスタイルがよしとされていました。社内単位で見ても、リーダーシップが強い部長や課長がたくさんいて、各部署を引っ張っていくというやり方が推奨されていました。

価値観が多様化した今、従来のような**上から指示するボス型のリーダーのもとでは人は動かなくなってきました。**私はもう**「ボス型のリーダーシップは不要」**と言ってもいいと思っています。その代わりに必要になっているのが、スタッフの意見を吸い上げてまとめられる能力なのです。

何事もメリットがはっきりしていると取り組みやすいと思うので、この本でお伝えする会議のやり方のメリットを先にお伝えします。

簡単に言ってしまうと、本書で推奨する会議をやれば業績が上がります。**いい組織づくりに根ざした会議によって、確実に業績が上がる**のです。

反対に、お互いの理解が足りなかったり、コミュニケーションが足りていないと、「あいつ何をしようとしているかわからない」

「組織に貢献している俺の足を引っ張るつもりに違いない」

などとお互いが思っていたりして、そんな状況では、業績はなかなか上がらないでしょう。派閥争いなどはその最たるものでしょう。

もともとは「業績を上げよう」「いい会社にしよう」と言って同じ会社にいるにもかかわらず、なぜか同じ会社の中で、タヌキ組とキツネ組に分かれて邪魔し合っていたりする。

業績はもちろん上がらないし、報酬も上がりにくいのは言うまでもありません。

チームシップこそが、最強のチームをつくるための重要な要素です。

この本を手に取ったあなたは、リーダーとしてチームを率いていく存在でしょう。

「どうすればメンバーがついて来てくれるか」

「まとまりのあるチームにするには何が必要か」

そう思っているはずです。

その答えが、チームシップを高めることです。

あなたのリーダーシップよりも、チームシップのほうが重要なのです。そして、このチームシップは、会議を通じて高めていくことができるのです。

1章

こう考えれば、バラバラなチームも必ずまとまる

士気が低くバラバラなチームの残念な話

最初に、士気が低いチームのエピソードをお伝えしたいと思います。

事例① 一方通行で対話なしの監督に選手はやる気なし――ある高校野球部の場合

これは、私が硬式野球部に所属していた高校時代の話です。

私の出身校は、２０１７年、約30年ぶりに甲子園出場し、その翌年も甲子園へ。何と2年連続出場という快挙を成し遂げました。母校の甲子園出場は何よりも嬉しいものですが、そこには現監督の「チームシップを高める」見事なリーダーシップがありました。

ここでは、私が高校球児時代の監督と対比して、興味深い違いについてお伝えしたいと思います。

私が指導を受けていた監督は、ものすごく厳しい監督でした。時代背景もあり、殴る蹴るは日常茶飯事。選手の起用方法は「気に入った選手を使う」という、驚きの内容でした。どう考えてもチームで一番上手いのに、なぜか最後のシーズンまでレギュラーになれない選手もいませんでしたが、当時は知る由もありませんでしたが、「お歳暮にカニを贈る家がキャプテンになる」などと噂《うわさ》されるほどの状況だったようです。

実際、この監督にはマネジメントのカケラもありませんでした。

毎日の練習も一方的なものでした。準備運動が終わるとキャプテンがその日の練習メニューを聞きに行きます。このメニューもおそらく監督の気分で決まっていたでしょう。そんな調子ですから、3年間まともな技術的指導を私は一度も受けたことがありません。「気合いが足りない」とか「もっと腰を入れろ」とか、「お前ら最近たるんでいるぞ」といつも怒られてはいましたが……。

話は常に一方通行で、選手たちとのコミュニケーションはほとんどなし。合理的な命令がされない軍隊のようなもので、士気も低ければチームもバラバラ。そんな状況で、並み居る強豪校に勝てるわけがありません。

◎2年連続甲子園出場を果たした監督の今どきの若者との付き合い方

一方、現在の監督は先述したように2年連続で甲子園出場を果たしました。

当時と今、何が違うのか。それは**選手との対話**です。

現監督は選手一人ひとりにノートを書かせ、それをもとにコミュニケーションをとっています。多感な時期のチームスポーツですから、「あいつがどうも気に入らない」とか、学校生活での悩みも抱えているでしょう。そういったメンタルに及ぶ話題も話し合っているのです。

簡単に言ってしまうと、恐怖政治と民主政治の違いでしょう。

統制が効くのは恐怖政治のほうかもしれません。何せ、歯向かえば殴られますし、生徒は殴り返せないわけですから。しかし、士気の高さやチームワーク、そしてチームシップという面では、比較するまでもなく現在の監督のほうが上です。天と地ほどの違いがあると言っても言いすぎではないと思います。

面白いのは、当時と現在の、雨の日の練習風景です。

現在は、立派な室内練習場が整備されており、雨の日も本格的な練習を行うことができます。その際、練習前に全体ミーティングが開かれ、みんなで話し合い、全員で納得したうえで練習を行うのだとか。グラウンドのように広くは使えませんから、例えば、

「1アウト、ランナー2、3塁の場面で1塁方向に打球が飛んだとき……」

というような特定のシチュエーションを再現して練習を行っているようです。しかも、

監督「ランナーが塁間の真ん中付近にいるときにはどうしたらいい？」

生徒「○○○○したらいいと思います」

監督「いや、それだと遅れる可能性が高いから、××××じゃない？」

というように対話で学んでいるというのです。

私たちの時代といえば、雨の日はもっぱらランニング。監督からの指示も「何時までに帰ってこい」のみ。室内練習場がなかったとはいえ、座学での勉強やミーティングなどはできたはずです。結局、この指示に代表されるように、選手の言うことに聞く耳を持たず、監督やコーチが自分の理想や理念を生徒に押し付けるだけでした。

事例②　ひとりよがりの社長に社員が総スカン――あるシステム開発会社の場合

士気が低く、チームがバラバラになっている残念な例をもうひとつ。

病院などの予約システムを開発している年配の経営者がいます。彼は、

「自分で営業に行くと、みんなが喜んで使ってくれる。それなのになぜ、うちの営業マンは売ってくることができないのか」

と、いつも不満を持っていました。

その社長は「我が社のシステムは、とてつもないシステムだ！」とかなり息巻いているのですが、素人の私から見てもそうでないことはわかりました。たしかにいろいろな機能が付いているのですが、複雑すぎるし、何よりもシステムが古すぎる。相当前に開発した

ものなのでやむを得ないのですが、少し調べただけで、もっと軽くてサクサク動き、デザインもUI（ユーザーインターフェイス）も優れている安価な他社のシステムがいくつもあるのです。「営業しても他社のものと比べられたら絶対に負けてしまう」と営業マンも口を揃えて言います。


さらに、社長が自ら社員の売上目標を設定しています。数値の根拠は、

「自分は経営もしながら、月に4～5件は売っている。だから、毎日営業している営業マンたちなら、月に20～30件売れて当たり前」

というもの。

「月にひとり1件も売れないなんて、何をやっているんだ！」といつも不機嫌です。

この社長もまた、勉強熱心な方です。最新の情報は常にキャッチしようという姿勢ですし、社員とも面談を行っています。ところが、社員いわく、「面談」という名の演説を1対1でやられるようなもので、「今月の面談をやるぞ」と社長が言ったら、みんな「営業に行きます」といなくなってしまうというのです。

「商品をリニューアルして営業マンに持たせないと厳しいんじゃないですか？」

と私が社長に伝えても、

「いやいや、そんなことはない」

と頑固な姿勢を崩しません。自分が作ったシステムに絶大な自信を持っているのでしょ

う。しかし、誰がどう見ても営業できない原因は商品にあります。

高いし、古いし、使いにくい。それを売れと言われても無理な話なのです。さびた鉄砲で勝負させられているようなもので、完全に負け戦です。しかし、営業マンたちは、社に戻ったら「なぜ売れないいんだ！　俺が行けばすぐに売れるぞと」と怒られ、何度も聞いている「いかに、このシステムがすごいか」ということを延々と聞かされ続けるのです。

士気が上がるわけがありません。チームとしてボロボロの状態です。

結局、この社長は私の言葉に耳を貸しませんでした。ＴＤＣ（38ページ参照）も実践しようとしません。勉強熱心な方ですから、おそらく他のコンサルタントにお願いしているのでしょう。

事例③　チームが一丸になったのは、結局、対話の力――ある保険会社の場合

もうひとつ、実例をお話ししましょう。

これは先述した私の保険会社時代の話です。

代理店の営業マンという立場が違うスタッフたちがそれぞれ動いていましたが、だんだんとチーム一丸の雰囲気になっていきました。当初、私はその理由を「分業したから」だと思っていたのですが、実際の要因は「対話」でした。

すべての代理店が、最初から私たちの狙《ねら》いや思いに共感してくれたわけではありません。言うことを聞いてくれない代理店とはしっかりと話をしていきました。ある代理店の人は、

都内の小さな住宅で家族と暮らしているらしいのですが、売上が少ないので、収入も上がらず家計が厳しいというプライベートな話をしてくれました。

対話を重ねると、お互いの印象が変わります。

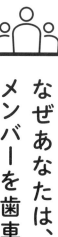

正直、代理店の営業マンはそれまで「自分の給料のために働く道具」の存在でした。しかし、相手の背景を知ることで、道具からひとりの人間、大切な仕事仲間へと印象が変わっていったのです。さらに私自身のことも知ってもらうことで、本社から送り込まれたイヤな若造から、一緒に保険を売っていく同志へと変わっていったのです。

チームがまとまった理由は、対話をすることで、お互いの背景を理解することができたからでした。今思えば、意識しないでホールシステム・アプローチを試みていたのです。

なぜあなたは、メンバーを歯車として扱ってしまうのか？

社長も上司も、部下やチームのメンバーのことをどこか「人」として見ていないケースがあるのではないでしょうか。あなたも、部下をついつい「物」として見ていることがありませんか？

私が会社の課題図書にしている本（158ページ参照）で、**『「箱」の法則』**というシリーズ（大和書房）があります。内容の一部をざっくりとお話しすると、

・イライラの原因を他人や環境のせいにしてしまうとき、自分は「箱」に入っている状態

・「箱」に入っていると、他人を「人」ではなく「物」として扱ってしまう

というようなことが書かれています。

そして、人間は、無意識のうちに相手を次の3つのうちのどれかとして認識してしまうというのです。

①相手を「邪魔なモノ」「障害物」として見る

②相手を「便利な道具」として見る

③相手を「無関係」「無関心」な存在として見る

さすがに、社員や部下を邪魔なモノや障害物として見てしまうということはないでしょうが、無意識のうちに、とりあえず雑用を任せているだけの社員や、育てることを諦めて

いる部下はいないでしょうか。知らず知らずのうちに「なぜ自分の言ったことを理解してくれないんだ」と思うことはないでしょうか。

もしかしたら、相手も同じことを考えているかもしれません。あなたと同じように、彼らもまた人です。上司であるあなたに自分の考えていることが伝わらないと悩んでいるかもしれません。それが彼らの成長を邪魔しているリミッターの正体なら、それを解決する方法はひとつです。相手を知ること。知ろうとすることです。

私が口を酸っぱくしてお伝えしたいのは、当たり前ですが、**「人は道具ではない」**ということです。

秘書は「社長のため」に存在するのではありません。「社長をサポートする仕事」をしているひとりの人間です。召使いではありません。

あるいは、気に入らない人を無視するということをしているとしたら、それは相手を道具扱いしているのと同じです。

どんな組織でも、意見がまとまらないことはよくあります。意見を異にする相手に対し、

「彼女に言っても無駄だ」

「彼は言うことを聞かないので放っておこう」

などと無視するのは、人を人として扱っていないことになります。

スタッフは歯車でなく、取り換えの利かない「重要な存在」、スタッフは全員が「貴重な存在」だという意識を持たなければ何も始まりません。

何度も言っているように、個の力で勝負するのは限界があります。また、特定の社員だけがノウハウを知っているという状態では、強いチームにはなりません。

車のエンジンを考えてみてください。どんなに小さくても、部品がひとつでも足りなければ車はきちんと動きません。動いたとしても、すぐにトラブルが起きるでしょう。大きなプロジェクトを成功させるには、ひとりの個の力に頼るのではなく、スタッフ全員がチームの重要な機能を担っていることを認識し、その上で行動することが欠かせないのです。

この本では、タイトルに「今いる仲間で」と銘打っています。

「誰かの役に立ちたい」

「自分が誰かの役に立っている」

人は誰もがそんなふうに感じたい生き物です。

仕事でも、働く意義がなければ、能力を発揮できません。

「自分は何のためにここにいるのか」

ふと立ち止まって考えたとき、その答えが見つからないと、モチベーションは決して上がりません。高いパフォーマンスなど夢のまた夢。いえ、その前にチームから去ってしまうでしょう。

リーダーに必要なことは、「価値感の共有」と「目標設定」の2つだけ

リーダーとして必要なこと、それはあなたが部下の分まで働くことではありませんし、部下を道具のように使い倒すことでもありません。本当に必要なのは、「価値感の共有」と「目標設定」です。

人間は、目的がないと動きづらい生き物です。ノリや勢いで始められるのも人間ですが、ふと気づくと、「なぜこんなに一生懸命にやっているんだっけ？」と考えるのも同じ人間です。あとになって、何のためにやっているのかよくわからない瞬間が来ると、そこで「お金か、夢か」みたいな話になります。

そのときに、

「目的はこれだったよね」

と明示できないと、チームは個々の思惑で動いていくようになり、それぞれがだんだん違う方向を向くようになっていきます。

一人ひとり、出自も背景も違うわけですから、考えていることも目標も異なって当然です。**価値感を共有していないと個々の目標の設定もバラバラ**になってしまいます。メンバーの数が多くなればなるほど、価値感は見えづらくなっていく。だから、小さい組織のうちから共有すべき価値感をつくっておくのです。

また、価値観も自然とチームの中で共有できればいいのですが、そうは問屋が卸しません。当然ですが、人はみな違うのです。

よく双子の例を出して説明するのですが、双子といえば同じ親から生まれて、中学生くらいまでは同じものを着せられ、同じようなものを食べ、教育もほぼ同じ。このように同じような環境で過ごす双子ですが、大人になってから好みを聞いてみると、全然違うものが好きということがよくあります。

例えば、双子が同じ部署やチームに入ったとして、そのときにそれぞれが持つ「価値感」もおそらく別々になるでしょう。双子ですら違うのですから、他人が一致するなんて至難の業です。

だからこそ、私は**「何もしなければ、チームの価値感は永遠に一致しない」**と考えているのです。

チームでやる以上、仕事中は価値感をひとつにしないと進むものも進みません。いろいろなメンバーがいて、さまざまな意見があるけれど、多少の違いの部分はそぎ落としてひとつにギュッとまとめる。それが、あるべき「価値感」の姿です。決して100%ではないにしても参加するメンバーが大方合意できるものにします。その「大方」の割合が高ければ高いほどいいのですが、みんなが「面白いよね」と思えるようなものを設定するようにしましょう。

まず、チームは、この価値感を共有する必要があります。そして、それを実現することこそがリーダーであるあなたの役割です。

もしも私がバラバラな方向を向いているチームにコンサルタントとして入ったら、まずひとりずつ面談を行います。

「私はこういう会社にしたいと思っているんだけど、君はどう？」

という対話をひとりずつ行っていく。意見の相違があれば、

「僕がやりたいと思っていることを受け入れられないところもあるみたいだから、みんなの意見も聞いたうえで、こんなふうにやっていこうと思うんだけど、どうかな？」

というように、この場合は折衷案を出すと合意しやすくなります。

◎合意というプロセスがなければすべては強制になる

合意したら、目標です。

メンバーが個々に考えた目標も大切です。高い目標も低い目標も人によってそれぞれでしょう。しかし、それはいったん横に置いておいてもらいます。そしてそれぞれの目標よりレベルを下げたところからスタートすることを合意してもらい、達成ごとに次の目標のレベルを上げていく。そうしてチームとしての目標にみなを巻き込んでいくのです。

こうしたプロセスを経ずに、

「どうして俺の言うようにやらないんだ」

と言って目標を強制してしまうと、個人の目標が「上から与えられた目標」になってしまいます。

先に言っておくと、このアプローチは結果が出るまでに時間がかかります。けれども、急がば回れ。結局は、これが近道です。

そもそも人を動かすには時間がかかります。**「合意」というプロセスを踏まずに「言うこと」を聞かせるのは強制です。その場合、「言うこと」は聞くかもしれませんが、チームとしては機能しないでしょう。**

「これができなかったら給料はカット」みたいな話をすれば、社員は離れていくでしょう。そうなると選手がいなくなったスポーツチーム同様、会社は機能せず、ビジネスも成立しなくなるのです。

ちなみに、そんな状況にいつまでたっても気づかず、それでも一方的にやり続けて、「なぜなんだ」と言っている社長を何人も見てきました。当然、社員が居着かないし、会社も大きくなりません。あなたのチームも、そういった残念な結果にならないように注意してください。

価値感はわかりやすい言葉に置き換えることが大切

リーダーの役目として、「価値感を共有」するようにしていくことが大切であるとお伝えしてきましたが、価値感はわかりやすい言葉で表現する必要があります。それも多少のわかりやすさでは不十分で、とてもわかりやすくなければなりません。そうでなければ、メンバーが瞬時に理解できないからです。

野球部を例に取ると、「全国大会を目指し、まずは第一回戦からチーム一丸となり……」などと説明が長いと途端にわかりにくくなります。そうではなく、「県大会優勝」と言ったほうが共有しやすい。

ここで気をつけないといけないのは、ゴールは「県大会優勝」だとしても、選手一人ひとりにとっては優勝の中身がちょっとずつ違うことです。選手によっては「打って打って打ちまくる」というのが目標のこともあるでしょう。「大学の推薦をもらいやすくするため」もあるでしょう。なかには、「女の子にモテるために勝とうぜ」という人もいますし、一方で青春のすべてを野球に注ぐ人もいるのです。

しかし、全員の心のうちを事細かく汲《く》み取って、それらを共有の価値観にしようとすると、とてつもなく長い文章になってしまうでしょう。まるで保険の注釈のように。

だからこそ、わかりやすい言葉にする必要があるのです。

みなの意見を集約してつくった価値観は、事あるごとに全員で共有

共有する価値観ができたら、事あるごとにメンバーに伝え続ける必要があります。

そもそも**みなで共有する価値観は、バラバラだったメンバーの意見をひとつに集約してつくっています。つまり、最初からズレがある**のです。だからことあるごとに確認し、み

んなで足並みを揃えておかないと、最初は小さなズレも、やがて修正が利かないほどにどんどん大きくなってしまうのです。

ここでは「伝える」と言っていますが、さらにもう一歩踏み込めば、メンバーに価値感を理解してもらうことが重要です。

言葉の解釈は人によってニュアンスが違ってきます。

チームの価値感で「連絡する」という言葉があったとして、それは「相手に言うだけ」で終わりなのか、それとも「相手が理解してもらうまで」なのか。そういう細かなニュアンスまで解釈を一致させることが大切です。この作業なくして、決して強いチームにはなれないからです。

「事あるごとに伝える」という意味で、価値感を唱和させる企業も多くあります。この場合は企業理念ということになります。

唱和は、有効といえば有効。しかし、年に一度、忘年会で唱和するだけではまったくもって足りません。年にたった一度ではズレは生じたままでしょう。

事あるごとに唱和させたとしても、まだ足りません。やらないよりはマシという程度。なぜなら、自己流の解釈で唱和していると、やはり解釈はズレたままだからです。

共有すべき価値感は、**正しい頻度で教える必要**があるのです。

だから、一度会議で意思決定した後は、事あるごとにメンバーに伝えます。

「うちの会社の価値感に照らし合わせると、これをやるかやらないかの判断はこうだよね」

という場面があったとすると、なかには「えっ、そうなの？」と言う人が出てきます。

そんなときに、

「うちの会社の価値感にある『連絡する』というのは、本来こういう意味だから、これはやって当然だよね」

と伝えて、軌道修正をしてあげるのです。解釈の間違いは、そういう場面があってはじめて気づきます。ズレを修正できる機会が頻繁にあったほうが、メンバーたちも早く価値感や目標が一致します。

年に一度だけ唱和してもまったく足りないことが理解してもらえたでしょうか。会議のたびに言ってもいいくらいなのです。

判断するときにはチームの価値感に照らし合わせてジャッジする。これが、結果が出る会議づくりにはとても重要なことです。最初は面倒かもしれませんが、この作業を何度かやっているうちに少しずつ浸透してきます。

仮に**「そろそろ浸透してきたな」と思っても、事あるごとに伝えることをやめてはいけ**

ません。浸透したとしても、伝え続けてください。もともと、人ぞれぞれに自分の考えがあるので、伝えなくなるとズレてきます。

ゴルフにたとえればわかりやすいでしょう。レッスンに行ってフォームを固め、上達してスコアが１００を切れたとします。しかし、レッスンに行かなくなると、次第に元のダメなフォームに戻っていき、１００を切れなくなる。かつてのダメなフォーム（自己流）に戻っていることに気づけず、コースや天候のせいにしたり、ゴルフクラブのせいにしてもスコアは決して上がらないのです。

癖や習慣によって、気づかぬうちに自己流に戻ります。人間というのはそんなものだと心得ましょう。

目標は、メンバーが自分たちで決めたものであることが大前提

チームの一体感を高め、自発的なチームをつくるために大切なのは「対話」、そして価値感をチームで共有すべきだとお伝えしました。次は目標ですが、具体的にはどのような目標を設定すればいいのでしょうか。

ここで思い出してほしいことがあります。誰もが、子どもの頃に親や教師から「勉強しろ」と言われたことがあるでしょう。大人たちもあなたのことを思ってのアドバイスで、「将来いいことがあるから」とか「悪いことは言わないから」などと言われた人も多いのではないでしょうか。では、ここで質問。

そう言われたときのあなたは「よし！　勉強やってやるぞ！」とモチベーションがぐんぐん上がったでしょうか。

多くの人の答えは「ノー」でしょう。

「お前のために言っているんだ！」

などと怒鳴られたとき、親や勉強からいったん距離を置いたりしませんでしたか？

◎自ら動く人に共通するポイント

一方で、親や教師が口うるさくしていないにもかかわらず、しっかりと勉強する子どももいます。そういった子どもたちの多くは、なりたい職業の具体的なイメージがあって、

「将来の夢を叶《かな》えるには○○大学の△△学部に入る必要がある」

あるいは、

「問題が解けるのが楽しい」

といった**内発的動機づけ**によって勉強をしている傾向が強くあります。

もうひとつの特徴は、彼らは総じて成績がいい傾向にあるということ。勉強したぶん成績も上がるので、やる気も出て、さらに勉強しようとします。まさに好循環のサイクルです。

苦手だった数学でも問題が解けると途端に楽しくなってくる、という類の経験は多くの人が経験済みでしょう。

両者の違いはどこにあるでしょうか。

先ほどは「内発的動機づけ」と呼びましたが、結論から言えば「勉強する目的」の有無でしょう。その証拠に、勉強をしない子どもの常套句《じょうとうく》は、

「これを勉強して何になるの？」

というものです。また、

「お前は勉強できないんだから中学出たら働け」

などと言われて喜ぶ子どももまずいないでしょう。

大切なのは、「目的」が自分で決めたものであることです。

大人がつべこべ言わなくても、自分が決めた目的のためなら子どもは自然と勉強するようになるのです。

私は何も教育論や子育て論を語りたいわけではありません。勘のいい方ならすでにお気

づきでしょう。似たような光景が企業でも起きているのです。

上司やリーダーは、部下に「もっとがんばろう」とか「あなたの将来のためだから」と言います。それ自体は嘘《うそ》ではないでしょう。実体験やこれまでの前例を見て、善意あるアドバイスを行っているはずです。あるいは、それでも動かないメンバーには「ちゃんと仕事をしろよ」などと叱咤《しった》するかもしれません。

しかし、思い出してみてください。これは、子どもたちに向かって「勉強しろ！」と言っているようなものです。そう、**自分が言われて嫌だった経験をついつい部下やメンバーにやってしまうリーダーが非常に多い**のです。

一方で、何も言わなくても自発的に仕事をするメンバーもいます。彼らに共通しているのは、「仕事の目的」を持っているということです。

キャリアアップを目指していたり、昔の私のようにもっと稼ごうとしたり、あるいは、出世欲といったものはなくても、チームに貢献したくてがんばっている人もいるでしょう。いずれしろ、自ら進んで勉強する子どもと同じく、一所懸命に仕事をするので、成果も上がり、評価も上がります。成果が上がれば、さらにやる気が出るという好循環のサイクルに入ります。

というわけで、あなたがいくら部下にガミガミ言ったところでモチベーションアップの効果はないどころか、逆効果でしかありません。

必要なのは「自分で目標を設定する」こと。

リーダーであるあなたが考えるべきは、口うるさくすることではなく、**「どうやればメンバー自らが自分の目標を設定することができるのか」**ということになります。

◎与えられた目標ではなぜ力が出ないのか

ここで、高校野球時代の話をもう一度例に出したいと思います。

当時の監督は、いつも「お前らは甲子園に行くんだぞ」と言っていました。私は当然行く気になっていましたが、「行けるわけないじゃん」と言っている部員たちも少なからずいたのです。そういった人は、当然１２０％の力を出そうとしません。なぜなら、与えられた目標であって、自分たちで決めた目標ではないからです。

「自分事」にしづらいと、どうしても最後まで踏ん張れません。

野球部も会社の中のチームでも、いかにメンバーたちに「自分事」の割合を増やしてもらうか。これが正しく動いてもらうための秘訣です。そのためには、目標が、メンバーたち自身で決めたものである必要があります。

何度も言いますが、与えられた目標では、遂行しにくいし、力が出ないのです。

スポーツドラマでよく目にするシーンが、「全国大会を目指そう！」というアツいキャプテンと、「そんなの無理だ。楽しくやればいいじゃないか！」と反対意見を言うメンバーとの対立です。そこで対立したり、殴り合いのケンカになって、女子マネージャーが泣き出して……。無理だと言っていたメンバーも、キャプテンやマネージャーの思いを聞いて、一念発起。一丸となって全国大会を目指すといった、ありがちすぎる筋立てですが、しかしここに、重要なポイントがあります。

本来、一人ひとりの思いは違うのですが、「何だかよくわからないけれど、とにかくみんなでそれを目指そうや」という流れが必要なのです。

アツいキャプテンになれと言いたいのではもちろんありません。**みんなが合意できる何らかの目標が設定できることが極めて重要**です。

殴り合う必要もアツくなる必要もありません。チームシップを発揮し、それぞれのメンバーが成長していくには、参加メンバー全員が納得して、理念や目的を共有できていることが重要なのです。

「自分たちで決めた目標を達成する」ことで、チームに最強の自信が生まれる

みなさんは、人を育てるには何が大切だと思いますか？

さまざまな要素がもちろんあるでしょう。しかし、ひと言で言ってしまうなら、「経験させること」、これに尽きます。

そのうえで、上司が教えるのではなく、本人が経験の中から自分で学べるようにすることが重要です。

上司の役目として、時にはメンバーの試行錯誤をサポートしたり、プロジェクトの進捗をフォローする必要もあるでしょう。しかし、どんなにフォローしてもメンバーが失敗する可能性をゼロにはできません。

何を言いたいのかというと、教えるばかりでチャレンジをさせずに自分の手元にずっと置いておくと、成長の妨げになってしまうということです。加えて、チャレンジする機会を与えられない部下たちは、自分で考えるという意識が不足し、意欲的に動こうとしなくなります。部下としても教えられているだけなので、物足りないし、面白くもないはずで

すが、何かを提案したり、自分の意見を発言したりということがなくなってしまいます。指示待ち族や受身の姿勢になってしまうでしょう。

だからこそ、**人を育てるには、「経験させる」ことが大切なのです。**

◎成功体験よりも達成体験

ただし、「ただ経験する」だけでは、本当の意味でチームは強くなりません。

私がこう言うと、

「経験といっても成功体験なんでしょ？」

と思われるかもしれません。たしかに成功体験は、次にまた挑戦するときのモチベーションにつながります。でも、私がメンバーに**体験してほしいのは、成功体験ではなく「達成体験」**なのです。

では、成功体験と達成体験は何が違うのか。

「自分（たち）で目標を設定したかどうか」というのが、ここでもポイントになります。成功体験は、例えば社長や上司、親から「○○しろ！」と指示され、言われたとおりにやって成功する体験。一方、達成体験は自分で設定した目標を達成しなければ得られません。

達成体験ほど、人に自信を与えるものはありません。上司から営業目標を決められて少し背伸びして成功した経験と、自分で目標を立て、少し厳しめの数字だったとしてもがんばって達成した経験とでは、達成感や自信に大きな差が出るのです。

さらに、**「達成体験」がある人は、簡単に諦めたりしなくなります。** 追い込まれた状況で、信じられないほどパワフルな行動をした経験がそうさせます。

仮に上司から一方的に言われた数字だと、「でも、自分で決めたわけじゃないし」などと、どこか逃げの姿勢になってしまいがちです。最後の最後で踏ん張りが利かなくなるのはそのためです。

親から「あの学校に行け」と言われたら、多くの子どもたちは「なんでだよ」と反発します。

他人から「やれ」と言われたら嫌になるけれど、自分でやると決めたらやるのです。

「あの高校に絶対に行こう」と自分で決めたら一所懸命勉強しますよね。目標というのはそういうものです。

第1章でお伝えした予約システムを開発した会社を思い出してください。

まず、売れない物を売ろうとしているわけで、そこを変えられない限り無理という前提もありますが、社員の目標を社長が勝手に決めて、「ひとり20件だ。やれ」と言っていました。

これを社員に「自分たちで決めてみて」と言えば、きっと現実的に「1件」と言うと思います。

この会社の場合、1件とるのも大変な仕事に思えますが、そうはいっても自分で言った手前どうにかしたいと思うでしょう。古いシステムなりに、何とか売る方法を自主的に考えるかもしれない。そして、本当に売ることができたら、それが大きな自信になるのです。

自分たちで話し合って目標を設定することの大切さは、いくら言っても言いすぎではありません。

ついついあなたが部下の目標を設定していませんか？

もしそうだとしたら、部下の成長機会をあなたが奪っていることになりますよ。

2章

これが、今いる仲間で「結果を出す」会議のやり方

みんなで発言し始め、チームがひとつになった話

さて、この章から具体的な会議のやり方についてお伝えしていきますが、その前段階として、チームがバラバラな状態だと、いくら会議を重ねても無意味ということを改めてお伝えしておきます。

私が提唱している組織学習経営という考え方の基本的なことのひとつに、**「相互理解」**があります。大まかに言うと、参加メンバーがお互いのことを理解し合いましょうということ。文字面だけを見ると簡単そうです。しかし、これが言うは易《やす》く行うは難し。実際のところは、

「自分はこんなにがんばっているのに、どうしてあいつらはちゃんとやらないんだよ……」

というような考えを持つ人が多いのではないでしょうか。

「同僚が協力してくれない」

「なぜこんなに給料が安いんだ」

「誰も自分を理解してくれない」

これらのフレーズの前置詞としては、「こんなに一所懸命やっているのに」とか「こんなに業績を出しているのに」といったものが多く見られます。程度の差はあれど、こう感じている人が多いのではないでしょうか。もしかしたら、あなた自身もそうかもしれませんね。

では、そんなあなたが他のメンバーのことをきちんと理解しているのかというと、言葉に詰まる人が多いのではないでしょうか。

スティーブン・R・コヴィーは、ベストセラー『7つの習慣』(キングベアー出版)で、**「自分を理解してほしければ、まず他人を理解せよ」**と説いていますが、これができていないところに大きな課題が横たわっているのです。

事例 相互理解ができたとき、ドラマが生まれた——あるPR会社の場合

これは、とあるPR会社のお話です。

この会社は、社長が開拓した有名メーカーからの売上が8割近くを占めています。社長からすれば、

「私ひとりが汗水たらして走り回って契約を取っている。それなのに、他の社員は……」

と不満たらたら。

「私はこんなに大変なのに、誰も理解してくれない」

と言いたかったのです。

これは典型的な相互理解ができていないケースです。瞬時にそれがわかった私は、これからお伝えする**TDC**（チームシップ・ディスカバリー・キャンプ）をベースにした会議を行ってみました。


課題やこれからの目標を決める前に、まずは相互理解ができていない状況を打破する必要がありました。

集まったメンバーに、「お互いのことをどれだけ知っていますか」と聞いてみることから始めました。案の定、社長は社員の背景をほとんど知らない状況でした。社員もお互いのことをあまり知らないようでした。

そこで、**「背景の共有」**（Ｐ１０４参照）を行うことにしました。

今までどんな人生を歩んで今ここにいるのかを、メンバー全員の前でひとりずつ話してもらう。時間は無制限。話の内容はお任せです。「幼少期の話をしたい人はすればいいし、大人になってからの話でも構いません。過去から現在、そして余裕があれば未来の話も含めてやってください」と提案しました。

Mさんという男性がいました。社員たちは夜遅くまで働いていましたが、ここ最近Mさんだけどうも休みがち。

「最近ちょっとたるんでいるんじゃないか」

「アイツはサボっているに違いない」

あるいは、

「こっそり転職活動でもしているんじゃないか」

と同僚たちからも噂されていました。

◎Mさんの告白に場が一変

そんなMさんが話しはじめたのは、他のメンバーが話し終えてからでした。子ども時代の他愛もない話から始まり、近況などをしゃべっていたのですが、30分くらいたったころでしょうか、「最近、休みがちなのは……」と切り出しました。

Mさんは続けます。

「実は先週、妻が亡くなりまして……みなさん、今まで本当にご迷惑をおかけして申し訳ありませんでした」

沈黙が流れました。メンバーのひとりがやっとという感じで口を開きました。

「そんな……言ってもらえたら、何かお手伝いできること、あったかもしれないのに……」

Mさんは同僚たちの多忙な仕事も知っていたし、邪魔もしたくなかった。だから誰に言うこともなくいたのです。最後にMさんはこう言って話し終えました。

「何から何まで全部終わらせたので、もう、今日から大丈夫です」

みんなに「転職活動をしているんじゃないか」「サボっているんじゃないか」と言っていたのは看病のためでした。休んだのは葬儀などのためでした。

場が一変しました。

「ふざけんな」から、「何だよ、そんな事情があるなら言ってくれればいいじゃないか」

「仕事以外でもできることを手伝ったのに」とみんなが口々に言うのです。

「ひとりで全部背負わなくてもいいのに、気づいてあげられなくてごめんね」

と言う人まで現れました。

十数人の社員ほぼ全員が泣いて聞いていました。この発言によって、どこかギクシャクしていた会社の雰囲気が以前とは別物のようによくなりました。


かなり特殊な事例かもしれませんが、人は相手のことをよく知らないで悪く言ってしまいがちです。見た目や態度、働き方を見て、ろくに話したこともない相手に勝手に不信感を持ったりすること、みなさんもありませんか。

◎悪口を言っている時間は生産性ゼロ

いつもガミガミ言ってくる社長がいたとしましょう。

部下は「いつもうるさいな」とか、「そんなことわかってるから、放っておいてくれ!」と思ってしまいます。社長の話をよく聞くと、サラリーマン時代につらい経験をしていて、そんな思いを自分の部下たちには絶対にさせたくないという思いから口うるさく言っていたのですが、ガミガミ言われて気分のいい人は誰もいません。でも、その人の背景を知ると見方が変わるのです。**そして背景を知り合うことで相互理解が進んでいく。相互理解が進んでいくと、職場も穏やかになるし、人間関係も円滑になっていく。**どんな会社でも同じ方程式です。

相互理解によって得られるメリットはまだあります。それはメンバー間の誤解が減ることです。

誤解から始まる悪口や文句を言っている時間は、生産性ゼロです。

ある会社では、始業時間の前に営業マンたちが喫茶店に集結し、「ミーティング」と称する愚痴大会を開いているそうです。会社や上司への不満を言い合い、ある程度ガス抜きが終わったところで、営業に出かける。

断言しますが、その時間は無駄です。その無駄をなくしてすぐに営業に行けば、あるいは同僚の悪口や文句を言っている時間をなくせば、ことさら頑張る必要はなくても生産性は上がります。

加えて、同僚への不満を持ちながら働くのと、持たずに働くのとでは、生産性は確実に変わってきます。

朝から上司にキツく注意されてしまったとします。その後も腹の虫がおさまらず、もう1件ギリギリアポが取れる時間があったとしても、「まあいいか」とスルーしたくもなりますよね。あるいは、営業していた商品を受注したときに別の新商品をおすすめすればセットで注文が取れそうな案件でも、「面倒くさいし、もういいや」となって、「最近出た、こういう商品があるんですけど、○○さんおひとつどうですか？」という、このひと言の営業トークが出なくなる。

些細《ささい》なことかもしれませんが、塵《ちり》も積もれば山となるのです。業績は確実に違ってきます。これはメンタルの問題ですし、原因をたどっていくと他人を理解していない、つまり相互理解ができていないということに行き着くのです。

今回お伝えする会議の方法は、メンバー全員の思い、背景を共有することで、チーム力が自律的に高まることが特徴です。チーム一丸となった思いは、達成経験ともリンクしやすく、会議以外の場でも効果が持続します。

チームシップを高める組織学習プログラム TDCとは

現在、私は「組織学習経営コンサルタント」として、大企業から創業間もないベンチャー企業に至るまで、継続的に成長する企業経営のアドバイスを行っています。

組織学習経営とは、「学習する組織」による経営を行うということです。文字通り、スタッフが自ら課題を見出し、解決策を考え、実行していく。学びながら成長するチームをつくっていくメソッドです。ここで、重要なカギとなるのが、何度か触れてきた**「TDC（チーム・ディスカバリー・キャンプ）」**です。

チームのリーダーは、どうしたらその「最強のチーム」をつくれるのか、ビジネス書を読み漁《あさ》り、研修やセミナーに参加しながら、日々試行錯誤を繰り返しています。私自身も例外ではなく、学んだことを現場で実践しながらたどりついたのが、「ＴＤＣ」でした。

これは、組織の全員が知恵を絞り、チームの目標を達成するための課題と解決策を自ら考えるためのコミュニケーション・プログラムです。

日本語に訳せば「チームシップを見出すための合宿」となります。1日から数日まで、さまざまなカリキュラムがありますが、「チームシップを見出す話し合い」とでも理解していただければ問題ありません。今回は「会議」がテーマということで、TDCの考え方をベースに、今いるメンバーで結果が出る最強の会議をつくる方法を伝授したいと思います。

これからお伝えするのは、**チームが一体化して課題を発見し、自発的に解決策を考え、実行していくためのチームシップを高めるメソッド**です。課題解決をより効率的、より効果的に達成することができるメソッドとして開発しました。

先に概要だけお伝えすると、「その課題・目標に関わるメンバー全員参加」が基本となります。だから、あなたのチーム全員が参加することが必須ですし、不参加のメンバーがいると、メリットを享受することが難しくなってしまいます。

会議の前に1on1《ワン・オン・ワン》——事前ミーティング

本題の会議の話題に移りたいところですが、もう少し待ってください。
会議の前に理解しておきたい、やるべきことがあります。**事前ミーティング**がそれです。

ヤフーが導入したことでも話題になっている「1on1」という、1対1の定期的な面談の方法のことです。

これは、**定期的に（例えば月に一度）、30分かけて上司が部下の目標管理や業務の進捗状況を確認するしくみ。**

課題や悩みなどについて、上司とコミュニケーションをとり、フィードバックを行うことで、メンバーの成長を促す作用があるといわれています。

私はこの1on1に大賛成で、この本のテーマである会議に関係なく、どんな会社や組織でも取り入れるべきしくみだと思っています。具体的なメソッドは、本間浩輔さんの『ヤフーの1on1――部下を成長させるコミュニケーションの技法』（ダイヤモンド社）を参考にしてみてください。

1on1の効果はヤフーをはじめ、多くの企業で実証されています。自分のチーム全体のレベルも上がるので、リーダーであるあなたにとっても悪い話ではないでしょう。

簡単ですし、大して時間もかかりません。特に中小企業は、こういった細かなフォロー制度が整っていないところも多いので、実際にやってみることをおすすめします。特段コストがかかるわけでもないため、中間管理職の人が自主的に始めたとしても役員たちが「一体何をやっているんだ！」と怒ることもないでしょう。

従来の会議のやり方を変えたり、新しく始める前に、部下に、

「ちょっと新しい形で会議をやろうと思っているんだよね」

と軽く伝える。こうすればスムーズに会議に入ることができるでしょう。

一方で、

「ちょっと新しい形で会議をやろうと思っているんだよね。だから、申し訳ないけど、ひとりずつ面談を始めるから」

などと言ってしまうと、お互いに重たい雰囲気が生まれしまいます。ハードルは低くしておくことに越したことはありません。

ただし、ここでも気をつけるべきは、あなたの演説になってはいけないということ。部下の声を聞き出すのが目的で、

「今の会議のやり方、正直どう思う？」

という1項目が入ればいいだけです。その流れで、

「今度、会議のやり方をちょっと考えるんだけどさ……」

と切り出せばスマートでしょう。

この1on1は、実際に会議がスタートしてからも役立ちます。会議に参加するメンバーのなかには「あんな会議、意味がないよ」と思う人も出てくるでしょう。そこであなた

が次の１ｏｎ１で「いや、実はね……」とフォローすることができる。つまり、相互理解につながるというわけです。

この**１ｏｎ１、行われるタイミングが「就業中」というのがポイント。**

同じコミュニケーションでも「仕事終わりに一杯飲みに行こう」というきっかけでは、メンバーにとって大きな負担となってしまいます。特に若手社員ほど、こういったコミュニケーションを嫌うでしょう。就業時間外まで、そんな仕事の話をされるのは嫌ですから。

チェックイン

結果が出る会議のつくり方①

さて、いよいよ具体的な会議のステップに移りたいと思います。

まず行っていただくのは、「チェックイン」です。チェックインの目的は、参加者の士気を高めること。

まずは、**参加者全員が車座（サークル）になって座ってください**。要はフルーツバスケットをするときのようにサークル状に座るのです。スポーツで試合前に組むのも円陣ですね。なぜ車座をすすめるのかというと、これには心理学的な理由があります。机など人と人の間に障害物などがあると、心理的なガードになってしまうのです。また、上座下座の位置関係があると、それだけで上下関係が生まれてしまいます。みんなに活発に発言してもらうには、こういった細かな部分にも気を配りましょう。

次に、**リーダーが、実施する目的などを再確認します。ここから参加者全員でのチェックインに移りましょう。このセッションを始めるにあたって、現在感じている気持ちを簡**

単にひと言ずつ、ひとり30秒程度で手短に語ってもらいます。

この手の会議は、参加者の心理的温度がさまざまです。積極的で前のめりな人もいれば、様子見する人、端《はな》からやる気がない人など。そこで、ウォーミングアップでひと言ずつみなさんにしゃべってもらうのです。これがひと通り済むと、「誰も発言しない会議」になることはなくなります。はじめにひと言ずつでも声を出してもらうことで、参加意識を高め、発言への心理的な障壁を取り除く目的もあります。

「発言してもいいんだよ」というコンテキストを形成することができ、**これが活発な議論をするための土台**となります。

このチェックインは、会議を開くたびに行いましょう。その際のテーマは「その会議で話したいこと」でもいいですし、「最近起こった出来事」「こんな面白いことがありました」など何でもOK。あくまで**話すことのウォーミングアップという位置づけ**です。

基本的には**挙手制で自由に話してもらいます。**話してもらう内容は、そのときに感じている気持ちをひと言ずつでもいいし、会議に参加する目的を話してもらってもいいでしょう。原則として、長くなっても途中でさえぎってはいけません。

◎つまずきポイント……目的やテーマがなぜかはっきりしない

みなさんは、こんな会議や打ち合わせに出たことはありませんか？

参加したのはいいものの、「そういえば、この会議のテーマって何だったけ？」と思うようなものに。

目的やテーマがはっきりしていない会議は時間の無駄です。チェックインはこういったアクシデントを防ぐためにも有効なのです。というのも、リーダーが実施の目的を再確認できますし、参加者に「現在感じている気持ち」を発言してもらえます。もし「会議に参加する目的」が違っている人がいたとしたら、会議が本格的にスタートする前に足並みを揃えることができます。

目的を履き違えている人がいたら、焦らずに、

「ちょっとみんな目的がばらついているみたいだから、目的をもう1回確認します」

と改めて伝えれば大丈夫です。

それでも違和感を感じる人がいる場合、目的を合わせるなら参加してもらえばいいですし、不必要と感じたら退室してもらって構いません。会議は親睦《しんぼく》会ではないので、目的と参加の意思確認をすることが大切です。

アイスブレイク

結果が出る会議のつくり方②

チェックインによって話すためのウォーミングアップが終わりました。しかし、まだメンバーたちには緊張感が残っていることが多かったりします。また、新しい形の会議ということで、どこか身構えてしまうこともあるでしょう。

そこで緊張感をほぐすためにも「アイスブレイク」と呼ばれるステップを行います。これは会議やセミナー、体験学習でのグループワークなどの前に、参加者同士、または会議自体への抵抗感をなくすために行う簡単なゲームのことです。言い方を変えれば、「心の準備体操」といったところ。

特に決まったメニューはありません。その場の空気がやわらかくなれば何でもいいです。といっても、何をやればいいかわからない人もいると思いますので、私がよく行っているアイスブレイクを２つご紹介します。

・バット運びゲーム

2人組で、それぞれ指1本ずつの上に野球のバットを載せてゴールまで運びます。これが意外と難しく、集中力が高まります。バットがない場合はペンで代用してもOKです。

重要なのは、ゴールしたときの「かけ声」を、チームごとにあらかじめ考えもらうこと。「やったー!」や「いえーい!」など何でも構いません。ただし、これを決めるのに時間をかけないように注意してください。

・伝言ゲーム

5人で1チームをつくり、先頭の人を決めて、伝言する文章を伝え、伝言ゲームをします。通常の伝言ゲームと違うのは、次の人に伝言をする前に腕立て伏せを5回してから伝えるところ(体育会系のチームにはもってこい)。こちらも、伝言が終わったときの「かけ声」をそれぞれのチームで考えてもらいます。

＊　＊　＊

ちなみに最近、「部屋の端と端でリレー」と「スターバックスカードの争奪じゃんけん大会」などを実践してみましたが、こちらも盛り上がりました。

こういった簡単なゲームをやることで、メンバーが持つ緊張感や「これから何が起きるのかという不安」を払拭《ふっしょく》してもらいましょう。ゲームで気持ちを和らげることで新しい経験が受け入れやすくなるとともに、思考を活発化させることができます。

アイスブレイクは、会議の冒頭のみ行いましょう。休憩時間後などにたびたび行っていると、それだけで時間がかかりますし、アイスブレイクが楽しくなって、会議そっちのけになる可能性も。それでは本末転倒です。必要に応じて実施しましょう。**第1回目の会議や、緊張感がありすぎる会議や初対面の人が多い場合のみで大丈夫**です。一度関係性ができていれば、会議のたびに行う必要はありません。

背景の共有

結果が出る会議のつくり方③

　ここでは参加者がどのような人生を歩んで、なぜ今ここにいるのかを話します。その人の歩んできた人生や価値観に触れることにもなります。

　この章の冒頭でお伝えした、Mさんのエピソードを思い出してください。あの話でMさんが行っていたのが「背景の共有」に当たります。

　言いたくないことをカミングアウトする必要はありません。狙いは、お互いの知らなかった面を共有することで、メンバーの関係を深めること。メンバー自身が本来の自分を取り戻し、本音を語りやすい状態に導く効果のあるパートです。

　やはり、人が複数集まって何かしようとすると、全員が全員、仲がよくてわかり合えている状況は、ほぼ「ない」と言っていいでしょう。お互いの背景を共有することは、コミュニケーションを最大限に活性化させる要素です。

　ただし、いきなり「あなたの背景を話してください」と言っても、すぐに話すことはできないでしょう。そこで、次の質問をして上手く背景を引き出してみてください。

【質問例】
・どうして、あなたはこの会社に入ろうと思ったのですか？
・あなたはこの会社のどんなところが好きですか？　また好きになったきっかけを教えてください。
・過去にさかのぼって、今までの自分の人生に起きた印象的な場面を紹介してください（生まれてから今までのマイストーリーを、自由に、時間制限なく、好きなようにお話しください）。

◎つまずきポイント……なかなか話してくれない

私は何度も「背景の共有」の現場に立ち会ってきました。**緊張もあって最初の方はなかなか話してくれません。**様子をうかがう人が多く、最初に話す人たちは割とさらっとしゃべって終わりのパターンが多く見られます。その際、主催者が「なぜ、もっとオープンにしないの？」というスタンスになるのは厳禁です。ホールシステム・アプローチの取り組みですから、強制も急《せ》かすこともやめましょう。**とにかく待ちの姿勢に徹してください。**

人は「他人に知ってもらいたい」という欲求がありますから、何人かが話し続けていると、自然と話してくれるようになります。そうやって潮目が変わってきたら、参加者たちは「あ、そんなことまで話してもいいんだ」とか、「たしかに、そこまで教えてもらえるとちょっと見方が変わるな」「少し誤解していたな」といった気づきを得ていきます。

それでも、**「どう考えても活発的な発言は期待できない」という状況であれば、仕込みを使ってもいい**でしょう。このとき、メンバーに仕込みがバレることを恐れてはいけません。私の場合は、社長に仕込み役をお願いすることが多いので、バレることはよくあります。しかし、仮に、

「あれって仕込みですよね？」

と言われても開き直ればいい。別にルール違反をしているわけではないですし、仕込みによってコミュニケーションが上手くいったのであれば、結果オーライなのですから。

この**背景の共有は時間がかかります。しかし、これをやっているかどうかで、その後の会議の中身はガラッと変わります**から、急がば回れなのです。

ひとり30分話しても、掛ける人数分ですし、基本的に背景の共有は一番はじめの会議に1回だけやれば十分。毎回やっていても「また、あの話かよ」となってしまいますから。

ただし、**少くとも年に1回は行ったほうがいいでしょう。**なぜなら、1年もたてばどんな人でも多少なりとも変化が起き、何かしらのアップデートがあるからです。

新しいメンバーが会議に入ったときには、必ず行いましょう。このとき、既存のメンバーにもきちんと話してもらいます。新しいメンバーと背景を共有する狙いに加え、1回目のときは10分しかしゃべらなかった人も、その後、結構しゃべった人の話を聞いているので、2回目には「今回はもう少し話そうかな」となって、相互理解が進むからです。

この背景の共有は、時にしゃべりすぎる人もいます。しかし、話している途中でさえぎることは絶対にやめましょう。

結果が出る会議のつくり方④
話し合いのルールを提案

さて、これで会議の準備は整ったように思えますが、さらに重要なプロセスが残っています。それが「話し合いのルール」を決めておくことです。

「わざわざルールなんて決めなくても……」と思う方もいるかもしれません。しかし、話し合いのルールを守ることで、相互理解が促進され、新たな気づきが生まれます。また、コミュニケーションのレベルと質が上がることで、メンバーの関係がより強まっていくのです。

私がこれまでいくつもの会議を通して、導き出したルールがこちらです。

【会議に集中するために守るルール】

①携帯電話の電源はオフにする。通話はもちろん、メール、ネット接続も禁止
②ゲーム機、音楽プレイヤーなどの使用禁止（※休憩中も使用不可）
③決められた休憩時間以外は、個人的な都合で会場から出ていかない
④休憩はいっせいに取る。体調悪化などの個人的な理由で退場者が出た場合は全体の休憩時間にする
⑤遅刻、早退、途中参加、睡眠は厳禁（※特別な事情を除く）
⑥相互理解を深めるため、帽子、マスク、サングラスはしない（※特別な事情を除きマスクもしない）

特に、①には気をつけないといけません。

従来の会議では、携帯が鳴ると申し訳なさそうに「会議中なので、ちょっと……」といったん電話に出たり、そのまま会議室を出ていってしまう光景を目にします。仕事なのは理解できますが、会議も業務の一部ですし、こんなことをされては会議の雰囲気は最悪になります。だから、「携帯は、はじめから切っておきませんか？」と先に決めてしまう。

ただし、営業など業種によっては、会議中にどうしても電話に出ないといけない状況も考えられます。それも仕事ですから頭ごなしに禁止することはできないでしょう。そうであるならば、会議が始まる前に、

「この会議中に緊急の電話が鳴りそうな人はいますか？」

と聞いておきます。緊急の電話がかかってくる可能性があるという人がいたら、

「みなさん、○○さんだけ例外として認めてもいいですか？　ただし、着信があって電話を取った瞬間に、いったん全体の休憩に入りたいと思います」

と提案します。いったん退出することを許してしまうと、会議に戻ってきた際、どんな話だったのか正確にフィードバックすることは極めて困難です。会議の質も落ちますし、何といっても全員参加という前提が崩れてしまう。あくまで全員がこの決められた空間の中にいることという条件でやりましょう。

経験上、緊急で電話が鳴る可能性がある人はほぼいません。もしいない場合は、

「では、電話は休憩中か終わった後に処理するということで、この話し合いの間は電話に出ないということでいいですか？」

と言って会議を始めます。

⑥は少し意外なルールだったかもしれません。サングラスはなかなかないとしても、クリエイター畑であれば帽子を被る人も多いでしょうし、季節によってマスクの着用率は高

くなります。でも何か特別な事情がない限り、できるだけ身につけないでもらいましょう。集中してみんなで場づくりをするためには、こうした細かなことも重要になってくるからです。

手順としては、話し合いのルールを読み上げて、みんなで確認します。

お気づきの方もいると思いますが、このルール設定もまた「提案」して決めています。ここでは一方的に伝えて、従ってもらう形はとっていません。いずれも、

「いいですか？」

「こういう進め方でいいよね？」

と提案し、参加者全員に承認をもらう形で進行しています。納得してスタートすれば、

「みんな、いいと言ったよね？」

という拘束力を持たせることができるからです。

◎つまずきポイント……会議がもめる

会議のベーシックなルールのみならず、会議の進め方や後ほど行う目標の決め方にも、「提案→了承」というプロセスを必ず踏んでください。なぜなら、チーム内や会議でもめるのはこのプロセスを経ないことが原因のことが多いからです。

会議の中で今後取り組むべきプロジェクトとして、AとBという2案が出たとします。

すると、チームとしてどちらをやるべきか、多数決で決めることになり、その際、「A案：5人、B案：4人」という結果になる場合も考えられます。

そうなった場合、多数決といえども、B案に手を挙げた4人は心にモヤモヤを抱えたまま会議に参加することになります。チームとしてはA案を進めていきますが、B案支持者の中には、

「本当はBのほうがいいんだけど」

「Aはやりたくない」

と思い続ける可能性も考えられます。これが会議でもめる大きな要因となることが多いのです。

あらかじめ、

「多数決で決めたことは素直に従う。これでいいですね？」

「自分が反対意見だったとしても、いったん脇に置いておいて、決まったことに全力を尽くす。これでいいですね？」

などと、最初からルールを決めておけば、了承した手前、やらざるを得ません。少数派の人が不満げでも、

「でも、さっき多数決で決まった結果には従うと言ったよね？」

「自分と違う意見なのは知っているけど、全力でやると言ったよね？」

という状況になれば、従わざるを得ません。本人としても「本当はBがよかったのに」という不満を抱えながら取り組むよりは、自分事になりやすい。自ずとやる気もアップします。

本音で語り、楽しんで参加する

結果が出る会議のつくり方⑤

先ほどのステップでは「話し合いのルール」を設定しました。これは「セッションに集中すること」を目的としています。いわば最低限のルールですね。さらに私は以下のルールを追加することを推奨しています。これは話し合いを実りあるものにするためのルールです。

【実りのある話し合いのためのルール】

①楽しんで参加する（日頃の人間関係は忘れる）
②本気で本音を語る（納得したふりをしたり、遠慮したりしない）
③他の人の考えを否定しない（決めつけたり、変えようとしたりしない）
④他の人の発言をさえぎらない（自分の考えを保留にして相手の意見に集中する）

⑤他の人の意見を無視しない（参加者を人として扱う）
⑥進行はナビゲーターに委《ゆだ》ねて、会議中に行われるすべての出来事を受け止める

言っていることは単純ですが、日頃の人間関係に足を引っ張られたり、遠慮して本音で語れない会議はよくあります。メンバーの発言中でも、ついつい口を挟んでしまうこともあるでしょう。特に上役や先輩に多く見られます。

「いや、それは違うんだよ」

などと否定したり、さえぎることはこの会議においてはＮＧとします。いくら「違う」と思っても、話している本人にとしては「正しい」ことです。それに、「最後まで話を聞く」という行為と、参加者の発言を採用するかしないかは別の話です。本当に間違っていたら、採用しなければいいだけ。さえぎると発言するのに萎縮《いしゅく》してしまうリスクも大きくなります。これでは全員で話し合って決めるという前提が音を立てて崩れてしまいます。

◎つまずきポイント……会議クラッシャー登場

会議に参加している年配の役員や上位役職者に、こんな事例を見かけたことはありませんか。せっかくみんなで決めたことなのに、気分で言っているとしか思えない「そんなんじゃダメだ！」発言です。

卓袱台《ちゃぶだい》返しをしてしまう役職者のことを、私は**「会議クラッシャー」**と呼んでいます。

立場が上なので、参加者も従わざるを得ないのでしょうが、これでは会議が台無しです。

会議クラッシャー対策として私がよく使う手が、模造紙にルールを書いておき、会議中壁に貼ること。仮に専務が会議をひっくり返そうとしたら、

「専務！　壁に書いてあるとおり、このルールでお願いします」

と言って従ってもらうのです。

参加者もルールを一度聞いただけではなかなか理解できません。壁に貼っておくというのは有効でしょう。

当然ですが、このルールもまた、ひとつずつ読み上げて参加者全員に納得してもらったうえで会議を進めていくことがポイントとなります。

結果が出る会議のつくり方⑥

発言ルール——質問、提案、事実共有の具体的方法

もうひとつルールを設定しましょう。効率よく効果的な会議を行うための「発言ルール」です。

こんな人に遭遇したことはありませんか？

発言がまとまっておらず、ダラダラと話し、挙げ句の果てに自分でも何が言いたいのかわかっていない。発言が続き、「要するに」とか「つまり」という言葉は出てくるのに、「何度、同じ話をしてるんだか」というような発言をする人。会議では「あるある」な光景です。

意識する人は多くありませんが、長く中身のない会議は、「生産性」を下げる元凶です。**ありがちなのは、役員全員を集めて長い時間、会議をしているのに、何も決まらない会議。当人たちは気づかないのでしょうが、会議時間の人件費だけで１００万～２００万円以上かかっているわけです。**

だから、ダラダラと長い会議は避けなければなりません。限られた時間の中、コンパクトに、意味を正確に伝えるために、進行ルールを決めてしまいましょう。

ここでは**「質問・提案・事実共有」というフォーマットを駆使**してください。発言がダラダラ長くなってしまうのは、往々にして前置きや感想が多く含まれているからです。そこで、その発言は「質問なのか、提案なのか、事実共有なのか」をはっきりしてもらう。そして、誰かに遠慮したり、発言に気を使うようなことはせず、要点を完結に伝えてもらいます。


「質問」なら、わからないことや不明なことは必ず質問して明確にします。

「Aさんに質問があります。○○とはどういうことですか？」

という具合に。ここでは結論から端的に聞くのがポイントです。

「提案」なら、提案の理由とともに手短に話しましょう。

「AをBに替えることを提案します。なぜなら〜だからです」

というふうに。

「事実共有」は、話し合いや他の人の発言に参考になる事実があれば共有します。

「Aさんに事実を共有します。○○に××という事実があります」

というふうに。


慣れない作業ですから、一度の説明だけではなかなか浸透しません。

最初のうちは発言のたびに、

「それは質問ですか？」

「その前置きはいりません」

などと指摘して慣れてもらいましょう。

◎つまずきポイント……ルールの厳格運用の弊害

私はかつて、「質問・提案・事実共有以外はしゃべってはいけない」という厳格なルールを強いていました。ところが、明らかに発言の数が激減してしまいました。

発言ルールは前提にあるものの、基本的に自由にしゃべっていいことを参加者に先に伝えてください。

最初はどうしても時間がかかりますが、慣れるのは時間の問題です。長い目で見れば、そのほうが結果的に伝わりますし、短い時間で済むようになります。会議に限らず、社内やチームのコミュニケーションレベルも上がっていきます。完璧を求めず、質問、提案、事実共有という、発言の確認をしながら、

「次からそれでお願いしますね」

というように、できそうな人から順番に育成していくといいでしょう。

何か発言したいことがあっても伝えられていなかったり、違和感を覚える沈黙が続いたときは、

「何か心の声がありましたら17文字でどうぞ」

などと提案するのも有効です。前置きがなく、自分のかけてほしい曲だけを端的に書く、ラジオのリクエストのイメージです。

　基本的に、**会議というのは、決められた時間と決められた情報で何かの意思決定をする場**です。**意思決定に関係のないものはできるだけ排除し、決められた時間で終わらせましょう。**

　仕事には納期があります。しかし、会議の納期、つまり会議時間はぞんざいにされがちです。結局、何も決まらずに次回に持ち越しされることも珍しくありません。

　改善するには、小さいところから直していくことが必要です。そのためには参加者が効果的な意味のある発言すること、その積み重ねが重要。その点、この3つの発言方法は、非常に有効なのです。生産性も当然上がっていきます。

　これまでのルール同様、参加者の方々に提案し、承認を得てください。

目標設定の意義

結果が出る会議のつくり方⑦

　ここからは、いよいよ目標の設定に移っていきます。

　このステップでは、チームの目標が共有されているかどうかの確認をするとともに、全員が納得できる目標をひとつ設定します。ここでは目標設定の意義について、確認しておきましょう。

第1ステップとして「このチームは将来どうなっていきたいのか」というビジョンを、参加者全員が納得するまで話し合います。

流れとしては、

「このチームがどうなっていったらいいと思うか」

「このチームで掲げている目標は何か」

この2点について、挙手制で何人かに語ってもらいます。思うように手が挙がらない場合は、指名してもいいでしょう。

全員が同じことを言うケースはほぼありません。そこで、**みんながバラバラな目標を持つのではなく、チームとしてひとつの目標を決めてチーム全員がそこに向かって進んでいくことを提案**します。

そもそも、**目標がないと課題が見つかりません。**この課題が出てくれば、「それをどう解決するか」「いつまでに誰がやるか」という具体的な話も決まっていきます。後になって、修正や期限の延長、やり方の変更が必要になる場合もあるでしょう。そんなときでも、

「これが全部解決すれば目標を達成できますね」

という**論理的な根拠が完成**し、実際に動き出すことができるのです。

けれども目標が決まらなければ、「誰が、何を、どのように、いつまでにがんばるのか」を決めることができません。

また目標は、実現は厳しそうでも**「こうありたい」という高めのラインを設定**する。**これがコツです。**実際に動いてみる中で、**「どう考えても無理」となれば、目標のレベルを少し下げる。**これでいいのです。

一概には言えませんが、高めの目標設定は意外な効果をもたらします。

営業の1年間の仮目標が「売上10億円」だとして、その目標をもとに動き出すとしましょう。

半年経過して、目標達成がかなり難しい状況が見えてきても、10億円を目指してスタートし営業活動を続けてきているので、やり続ければ、1～2割落としたとしても9億円や8億円に落ち着くことが多いのです。

8億を目標に掲げても8億には届かない。8億を目指すのなら10億という高めの目標設定にしてみる。つまり、当初高めの目標を設定し、期中で結果的に目標を下げることになっても、一からやり直すわけではないので、比較的高い水準で着地できる可能性が高いのです。

また、**最長でも1年、できたら半年ほどの期間で計測できる目標設定をする**といいでしよう。

◎つまずきポイント……「目標がうまく設定できない」「時間内に決まらない」「不満が噴出する」

目標設定でつまずきやすいポイントがあります。

ひとつ目は「上手く設定できない」ということ。

この本では目標設定のテンプレート（123ページ以降参照）を用意しましたが、いくら「テンプレートに沿って目標設定をしてください」と言っても、「それはそうかもしれないけど、俺はこう思う」などと反対意見を言う人が必ず出てきます。こうした反対意見を上手にコントロールできないと、もっと言えば排除できないと会議は上手くいきません。

ここは心を鬼にして、

「たしかに考えはわかりますけれども、今日はこのテンプレートでやるということに決まっています」

と伝えたり、

「では、おっしゃっていることをテンプレートに置き換えるとどうなりますか？」

などと持っていくのが得策です。

反対意見が出たときに「ですよね、それも悪くないですよね」などと言って、反対意見

さい。

も立てようとするのはNG。 これでは決まるものも決まらなくなりますので注意してください。

2つ目は、「時間内に決まらない」ことです。

目標設定をするため2時間もかけたのに、結局目標が決まらないとなっては、先ほども言いましたが、その後を続けることができません。決めないまま、問題や課題、解決策を話し始めてしまうと、何の話をしているのかよくわからない状況になります。その結果、「売上アップには、やっぱり営業ががんばらなきゃダメだ」という、情緒的で無意味な発言が結論となって元の木阿弥《もくあみ》ということになりかねないのです。

3つ目は、「不満の噴出」です。

目標を決めずに課題を出す段階に入ってしまうと、「給料が安い」「時間がない」「人員を増やせ」などの不満が頻出します。しかしこれは「課題」ではありません。「給料が安い」と言っても、昇給にはその原資が必要ですし、会社にも利益を残さないといけない。経営者やフリーランスになれば痛いほどわかるのですが、大きな組織でサラリーマンをしていると気づきにくいもの。

こうした会議で扱う必要がない「不満」を上手くコントロールし、排除しないと会議は破綻《はたん》します。この場合は、以下のように説得してみてください。

「給料が低いのはわかります。わかりますけれども、それは全体の目標設定にはならないので、テンプレートに従って、その欲求を実現するために、会社全体でどんな目標にしたらいいのかをお考えください」

「人手が足りないから必要以上に忙しくて時間に余裕がない」というのは、たしかに実際に人手が足りないのかもしれませんが、しかしこれは今に始まった話でしょうか。以前から同じような状況だったのではないでしょうか。不満を言うだけではただの文句です。業務分析して、どこの部門に何人足りないのか、あと何時間分、人が必要なのか、具体的にはっきりさせる必要があります。

いずれにしても、目標が決まらなければ、何のために何をどう解決すべきなのかがわかりません。だからこそ、まず目標を決める。そのあとで、目標達成のために必要なことを話し合えばいいのです。

結果が出る会議のつくり方⑧
目標設定の具体的方法

ここからは、目標設定の具体的な方法について見ていきましょう。手順のプロセスは以下になります。

①ポストイットに各自記入
←②貼り出し
←③読み込み
←④挙手にて選定
←⑤最終型の決定

それでは、具体的に見ていきましょう。

◎ポストイットに各自記入

まずは、付箋《ふせん》を用意していただき、参加者に「自分が考えるチームの目標」をひとつ書いてもらいましょう。時間は2～3分。ただし、自由に書いていいわけではありません。付箋への書き込みには以下のフォーマットを活用してください。

【目標の書き方フォーマット】
○○年○○月○○日までに（期限）
×××をすることで（行動の内容）
△△△△を達成する（計測できる結果・成果）

ここでは3行で書くというのが重要なポイントです。理由は以下の3つです。

「貼り出したあとでどんな課題があるのかの編集作業が容易」

「張り出したときに全部見える」

「紙のスペースが決まっているので長ったらしいことが書けない」


付箋にフォーマットに従って書いたら、今度はそれを読み上げて発表してもらいます。

「前に出ていた○○さんと同じような意見なんですが」というように前置きや解説をする人が必ず出てきますが、

「その前置きはいりません」

と指摘し、一切の前置きや解説をなしにしてもらってください。


次に、発表してもらった付箋に1から順に番号を振り、壁やホワイトボードに貼り付けていきます。

その上で、参加者に左記の方法で投票してもらいます。

【投票の方法について】

・リーダーもしくはスタッフが付箋の番号を読み上げ、その都度、いいと思うものに挙手してもらう

・投票権は、最大で、3票まで（3票をひとつに投票でもいいし、3つに1票ずつでもよい）

・投票権の数は、参加者の数によって変える

5～10人　↓　ひとり1票

10～15人　↓　ひとり2票

15人以上　↓　ひとり3票

投票が済んだら、票数が一番多いものを目標設定のベース（土台）とします。同点決勝の場合はひとり1票ずつで再投票。多いものを採用します。

その上で、前項（118ページ～）に則って、少し高めの目標になるように、参加者の発言を参考にリーダーが足したり引いたりして、最終型の目標に仕上げていきます。

ここで大切なのは、仮決めでもいいので、とにかく決めることです。修正は後からでも

できます。目標達成までの期間は半年から1年後。期間が2年とか3年など長すぎても現実感が乏しくなり、目標としての意味を見出しにくくなりなりがちなので注意してください。なお、目標設定では折衷案は厳禁です。

▼必要な道具について

以下に、推奨する付箋やペン、準備してほしい備品について説明します。

まずは、付箋です。理想的な付箋として挙げておきたいのは、**住友スリーエムのポストイットで、「強粘着ノートの蛍光混色（655-5SSAN)」という型番です。**5個パック（90枚×5個＝450枚）を2〜3人でひとつ使うイメージです。あまり見かけない形ですが、大きさが絶妙です。強粘着なのも利点です。以前、100均で適当に買った付箋を使ったところ、ボードからポロポロと落ちて貼り直すなど、時間を浪費したことがあります。その点でも、このポストイットがおすすめです。

筆記具としては、「マッキー」などのペン先が太いマジックを使用してください。太いマジックだと、細かい字でダラダラと書く人はあまりいません。無駄を省き、本質的なことを書けるというメリットがあるのです。以下、必要な備品リストをご参照ください。

【必要な備品リスト】

・マーカー（赤・青・黒）ひとり1セット（各色1本）
〈例〉マッキー
・ポストイット（強粘着、75×127㎜）
〈例〉住友スリーエムのポストイット
強粘着ノートの蛍光混色（655－5SSAN）
5個パック（90枚×5個＝450枚）を2〜3人でひとつ使うイメージです。
・イーゼルパッド　2つ
〈例〉住友スリーエムのポストイット
イーゼルパッド　テーブルトップタイプ775×635㎜（EASEL560）
・ガムテープ（名札の代用品）
・ホワイトボード
・ノートPC
・電源コード
・プロジェクター

◎つまずきポイント……効率的な進行ができずに時間がかかる

このやり方に慣れている人はほとんどいないので、最初は失敗するかもしれませんが、心配は無用です。少しずつ慣れていけばいいのです。1回目に失敗したとしたら、次回の会議が始まるときに、

「まだまだうまくできないと思うけど、コミュニケーションのレベルも上がるらしいし、もうしばらくがんばってやってみましょう」

そう伝えて、ブラッシュアップしていってください。

もうひとつ、効率的な進行に必須のことを確認しておきましょう。

適当な用紙にフォーマット（型）を決めずに目標を書いてもらうと、間違いなく、何を伝えたいのかわからない文章が続出することになります。人によって表現方法も異なるので、1個の目標にまとめる作業だけで1～2時間がすぐに経過してしまいます。

フォーマットを決めて書いてもらうことを鉄則にしてください。

リマインドコール

結果が出る会議のつくり方⑨

目標が決まったあとは、それを声に出して読むことで、目標を全員に腹落ちさせましょう。その際、「リマインドコール」を駆使します。

リマインドコールとは、3行の長い目標文をさらに縮めて、日常的に使いやすく、覚えやすく、内容を想起しやすいシンプルな単語にしたもののことです。**目標を何度も口に出し、思い出すことで、何のための話し合いなのかを意識させ、有意義な会議につなげる効果**があります。

短くわかりやすい単語にすることが重要で、目安は5～10文字。長いままだと「ほら、この間決めた、あの何月何日までにあれを……」などと、思い出しづらく共有しづらいものになります。

極端なことを言えば、「Aプラン」などの超シンプルなものでもいいですし、目標の数字をそのまま使って「プロジェクト100」でも問題ありません。目標設定をしている間のやりとりで、頭に残るフレーズなどが出てくるでしょうから、そういったものを活用するのもありです。

以下のようなパターンもおすすめです。

・目標設定の最中に出てきたキーワード、象徴的なエピソード（例：増上寺）
・目標の「頭文字」を集めたもの（例：ＳＫＵ）
・目標の文章の頭と最後を取って縮めたもの（例：ぼかっでん）

あくまで「思い出すため」のものなので、厳密に決める必要はありません。言いやすく、覚えやすいシンプルなものにしましょう。

リマインドコールはリーダー（あるいはファシリテーター・会議が建設的なものになるよう進行する人）が決めて提案しましょう。もし、他にいい案が出てくれれば採用します。

結果が出る会議のつくり方⑩
課題の洗い出し

次に、参加者全員で決めた目標を達成するために、解決すべき課題や障害を洗い出します。ここでも付箋を使うと効果的です。

1枚に課題ひとつを記入します。5分の制限時間で、参加者には書けるだけ書いてもらいます。このとき忘れてはならないのが、

「他人とかぶりそう」

「誰でも考えつきそうな課題」

だと思っても、気にせず思いつくものを全部書いてもらうこと。

終了1分前に時間の延長が必要そうであれば、参加者に時間を延ばすべきかどうかを確認しましょう。必要ならば1〜3分ほど延長してください。

そして、書いてもらった付箋を声に出して1枚ずつ読み上げます。ここでも前置きは厳禁。さらに、長すぎて課題が2つ以上含まれるものはひとつずつ書き直してもらいます。そして読み上げたら、付箋をホワイトボードや壁などに貼ります。一度にひとりがすべて読み上げるのではなく、1枚ずつ読み上げましょう。

◎つまずきポイント……ついつい折衷案にしてしまう

ここで**注意したいのが、課題とは、自分の希望、願望、不満ではない**ということです。不満や願望はいくらでも出てくるでしょう。まともに取り合っていると時間がいくらあっても足りません。**願望や不満、つまり「〜になるといい」「〜が嫌だ」のような表現はN**

Gとし、「足りないこと」「できていないこと」を書き出してもらいます。

また、**課題は具体的に表現**してもらいます。

以前、ある野球部で、「練習方法について」という単語の課題出しがありました。しかしこれでは何を言っているのか抽象的すぎてわかりません。

この場合、もっと噛《か》み砕く必要があります。「今の練習方法は効果がない」のか、「今の練習方法のままでは足りない」のか、はたまた「何を練習したらいいのかわからない」のか。このレベルまで落とし込んで書いてもらいます。**課題が明確であればあるほど、よりよい解決策が生まれる**のです。

ここでは**折衷案にすることは厳禁**です。「和をもって貴《とうと》しと為《な》す」と言いますか、日本ではどちらも立てようとしがちですが、**折衷案ほど中途半端な結果を生むものはありません。**だから、A・B・Cの選択肢があるとしたら、その3つを見比べながら、「どれがいいか」というふうに話すようにしてください。「Aがいいよね」という結論になったら、B・Cはいったん捨てる。他の数人が「Bがいい」と思っていたり、リーダーであるあなたが「Cがいい」と思っていても、Aに集中して話をするのです。

結果が出る会議のつくり方⑪

課題のカテゴリー化

次のステップでは、参加者が書き出した課題をテーマごとにカテゴリー分けしていきます。

読み上げられた課題を、同じテーマごとに分けて壁やホワイトボードに貼っていきます。基本的に、分け方はリーダー、もしくは進行役が担当してください。カテゴリー数の目安は5～8個。

よくあるカテゴリー分けの例を挙げます。参考にしてください。

①人
②商品
③お金
④組織・制度
⑤経営・戦略
⑥消費者との関係
⑦ツール類（システム、営業資料など）

⑧広報宣伝

ただし、「目標達成に関係なさそうな課題」については「別枠」として分けておき、このセッションでは扱わないことにします。

カテゴリー化ができたところで、参加者にすべての課題をもう一度見てもらいます。すると、カテゴリーにおかしいものが含まれていることもよくあります。

「人事グループに貼ってあるけど、実は人事の問題ではなくて、そもそもの経営方針の問題なんじゃない？」

ということもあれば、

「書いてあることは違うんだけど、問題の本質は同じだよね」

というものもあるでしょう。

このまま話し合いを行うと混乱のもとになるので、統合したり分割したり、削除して修正していきましょう。この編集作業の際に、貼るのも剥がすのも簡単なポストイットが役立ちます。なお、編集作業は、基本的にメンバーに任せるようにしましょう。

◎つまずきポイント……課題はすべて出し切れているか

カテゴリー化と同時並行で、「本当に課題が出し切れているかどうか」もチェックしましょう。目標達成のための課題が出し切れていないと感じる場合には、さらに課題を出してもらう時間をとってください。**目的は、本音の意見を絞り出すこと**なのですから。

グループごとに討議

結果が出る会議のつくり方⑫

課題が出そろったら、興味のあるカテゴリーごとに参加者をグループ分けし、課題に対する議論を深めます。各グループで問題のさらなる洗い出しを行うべく、「今何が起こっているのか」という事実ベースで話し合います。

ただし、**原因追及が目的ではありません。**

「この課題をどう扱いたいか？」

という未来に向けた視点で課題の整理をするのであって、過去に焦点を向けないように注意してください。この段階では解決策を考える必要はありません。あくまで整理が目的です。

肝心のグループの分け方ですが、まずはそれぞれ一番興味のあるカテゴリーを決めて挙手してもらいます。言い方を変えれば、興味がない課題の討議には参加しなくていいのです。

挙手してもらって人数に偏りがある場合は、リーダー（もしくは進行役）が人数調整をしてください。グループがひとりとか2人になってしまったときには、

「2番目に興味があるのは何ですか？」

というように聞き、他のグループから興味のあるグループに入ってもらいましょう。

◎つまずきポイント……挙げた課題を放置してしまう

晴れてグループに分かれた後は、各グループで再度チェックインを行ってもらいます。今の気持ちを簡単に語り合います。次にグループ内の進行役を決め、話し合いの進行や内容の発表役を担ってもらいます。そして、グループで話し合いスタート。制限時間の残り5分くらいになったら、話し合いのプロセスや課題についてどう思ったか、進行役にまとめてもらいます。

さらに時間は短くても、すべてのカテゴリーについて必ず話し合って、すべて網羅するようにしましょう。**せっかく挙げた課題を放置しないように注意**してください。

そして、グループごとに話し合った内容を参加者全体で共有します。やり方としては、各グループの代表に順番に発表してもらいます。発表スタイルは自由で、フォーマットはありません。時間制限も基本的になし。グループの発表が終わったら、他グループへの質問や提案を発言してもらい、必要であれば内容について追加、修正などを行ないます。

ひとつずつ全員で話し合うと、とてつもなく時間がかかってしまいます。グループに分かれて話し合うことで、倍速で進めることができるのです。しかも、興味のある課題について話し合うので、より建設的な議論が行えるでしょう。

グループで集まった人が話し合って勝手に決定してしまうのではなく、全体発表の場で承認を取るというプロセスを必ず踏んでください。

【コラム：抽象論を排除することの大切さ】

ここまでのプロセスで明らかになった課題に対する解決策の提示について、「がんばる」といった精神論や**抽象論的に表現された解決策はＮＧです。**

なぜでしょうか。

目標を達成するための「方法」が明確になっていないからです。ここでは感想は無意味です。

具体性がすべてです。

「売上1億円を達成する」という目標に対して、「お客様の数が足りない」という課題が出たとします。「がんばってお客様を集める」では、解決策になりませんね。これでは時間を割いて会議をした意味がありません。そうではなく、

「ネット広告でモニターを募集し、見込み客を獲得する。獲得した見込み客の10％をお客様にする」

など、具体的な方法や手段にまで落とし込んだ解決策を提示しましょう。

結果が出る会議のつくり方⑬

解決策の「管理者・成果レベル・期限」を設定

ここでは「管理者・成果レベル・期限」の設定についてお伝えします。

まず、前項で決まった解決策について、管理者を決めましょう。

次に行うのは、「成果レベル」と「期限」の決定ですが、これが難航しがちなポイントです。

成果レベルとは、ゴール・イメージのことです。

「会社の利益率が低い」という課題があって、**目標が「コストを10％カットする」だとします。さらに、「半年後」という期限を設定**したとしましょう。

半年後に10％のコストカットを実現するには、

「コストの見直しを今日から1ヵ月後までには総チェックして着手しないと、半年後に間に合わない」

という事実がわかってきます。

ここで、「見直しの期限は1ヵ月」という設定ができますね。このとき、実際に1ヵ月でできるかどうかは、いったん置いておきましょう。

10％分のコストカットを目指すためには、今発生しているコストのリストを作り、ひと通りチェックしていくことが必要。その際、削減できるコストが9・8％になったとします。すると「あと0・2％足りないぞ」となりますよね。ゴールが見えているので、あとは0・2％カットできそうな部分を探していくだけです。

仮に10％のコストカットという目標を定めていないと、

「9・8％もあるからいいんじゃないか」

と満足してしまう人がいるかもしれません。

また、ゴール間際になってもめがちです。

「いやいや、12％いけるはずだ」

と言う人も出てくるでしょう。

そもそも成果レベルを決めるときに、

「12％、９・８％、６％」

などと、目標とするべき数字がバラバラに出ていると、ナビゲーターを兼ねているリーダーは、どこに標準を合わせたらいいか困るでしょう。

コンサルタントに入って、私がナビゲーターを担当する場合もそうですが、**成果レベルに正しい答えはありません。実は、成果レベルは「適当に決めればいい」のです。**

９・８でも12でも、何でもいい。どれが成功するかはわからない。しかし、**どっちにするかで延々話し合っても何も始まらないので、「仮でもいいから、どっちかに決めてください」**

と私は提案することにしています。

高めの目標を立てておいたほうが上手くいくことが多いことは、目標設定のところでもお話ししました。だから、

「成果レベルは高いほうが、よい結果が出る傾向があるようです」

このように誘導することはあります。

高いレベルを目指してやっていけば、高い結果を得やすいのは事実ですし、現場の人間は少々大変かもしれませんが、よい結果が出ることは願ってもないことなのですから。

アクションのリスト化とメンテナンス

結果が出る会議のつくり方⑭

解決策の「管理者・レベル・期限」を無事決定できたら、話し合いの一連の内容を可視化してチェックしやすくするためのリストを作成します。

これが重要な作業で、こういったセッションを行っても、リスト化しておかないと、いつの間にか忘れ去られていくパターンがよくあります。

「そういえば、この前、研修でみんなで話し合って、ペタペタ貼って何かやったよね。あれ、どうなってる？」

こんな発言が出るようでは時間をかけて行った会議も水の泡。**せっかくつくった解決策**

を放置せず、確実に実行するためにも、行うべきアクションをリスト化してください。

進め方としては、ここまでの**話し合いの内容（課題とそれに対する解決策、成果レベル、進捗状況、管理者）を1枚の紙にまとめリスト化**してください。


ここで大切なのがリストのメンテナンスです。

メンテナンスという言葉には、「修繕する」という意味のほかに、「維持する」という意味もあります。メンテナンスしないと課題は解決しないままですし、また同じ作業をやるはめになります。だから、そのリストを**定期的に（週に一度を推奨）必ずメンバー全員で達成状況を確認**します。

リーダー（もしくは進行役）には週に一度の「リストメンテナンス」の日程をどうするか、提案してもらいます。

「毎週月曜日、朝礼後の８分をリストメンテナンスにあてる」

というふうに。

なお、時間の都合で解決策まで考えられなかった課題については、後日、同様に話し合い、残りの課題についてもリスト化します。

◎つまずきポイント……メンテナンスに時間がかかる

メンテナンスは、最初はやはり時間がかかってしまいます。チェックすべき項目もたくさんあるからです。でも回数を重ねていくと、クリア済みの項目も増えてくるので、所要時間は減っていきます。

メンテナンスが上手くいっていない場合は、その原因を探して対応策を考えることが必要です。

みなで同意した解決策が間違っているのか。管理者がサボっているのか。期限が緩いのか。

成果レベルはゴールイメージなので、高すぎるのか、低すぎるのか、メンテナンスによって修正し、修正された目標に取り組んでいきます。ですから**メンテナンスがなければ放置しているのと同様**なのです。

毎週、チェックする。これを繰り返していけば、目標が実現できないわけがありませんよね。こうやって、気づけば目標を達成しているというのが、今いる仲間で結果が出る会議のしくみです。

3章

みるみる
チームの発言が増える
4×4のしかけ

チームに変化が起こり始めた話

オフィス用品のレンタルや販売を行っている地方のある会社から依頼を受け、ＴＤＣを行ったことがあります。

地元では、有力な会社で、社員は約50人。売上も20億円あり、経営的に大きな問題もありません。それでは、なぜＴ社長は私にコンサルタントを依頼したのか。

会社は、創業からおよそ50年の老舗《しにせ》企業で、Ｔ社長は３代目。大変に勉強熱心な方でした。最新の情報に常に触れていることもあって、仕事の進め方にスピード感がないこと、次世代のリーダー育成などに悩まれていました。

過去に、何社か名の知れたコンサルタント会社も入ったようですが、年配メンバーの理解を得ることができず、上手くいかなかったようです。最新のツールを駆使した市場分析も、おじちゃんたちを動かすことはできなかったわけです。

「順風満帆の会社なのに、コンサルタントなんか必要ない」現場ではあちこちで議論がなされていたのでしょう。

私がコンサルに入っても、「先代のときはどうのこうの〜」という声が実際にちらほらと聞こえてきました。

それでも諦めない3代目のT社長がたどり着いたのが私でした。


この会社では、先代社長でもあるT社長の父親と同世代の古株がたくさん在籍していて、しかも多くが取締役や部長などの要職についています。

私は、この会社とのスケジュール調整を、チャットワーク（日本でも20万社に導入されているビジネス専用のチャットツール）で行っていました。

あるとき、年配の部長から、突然こう言われました。

「なぜ大事なスケジュールを電話で確認しないのか？」

すでにチャットワークでやり取りしていましたし、現場のスタッフともきちんとコミュニケーションがとれていて、ビジネスとしては何の問題もない状態なのにです。

「私なら電話しますけどね」

と部長の言葉が続きました。

役職者をはじめ年配の社員にありがちな話ではありますが、こちらの会社では万事この調子でした。

地元では評判のいい会社ということもあって、優秀な若手や他社で経験を積んできた中途採用の社員も多く在籍していますが、若手と古参幹部との間に、大きなギャップが生じていたのです。

大阪で働いた後に地元に帰ってきた35歳の社員がいました。彼は、最新のツールを駆使して、クライアントとやり取りをしていました。また、若手が中心となって会社のホームページの充実、フェイスブック広告など、ネット時代に不可欠な業務に勤《いそ》しんでいます。

仕事のスピードも古参社員とは雲泥の差。従来のやり方に固執する幹部社員は、ますます若手のやり方についていけず、仕事の中身も理解できない。必然的に生まれたギャップは、今後を考えると大きな軋轢《あつれき》にもなりかねません。

このような状況で、私は新しいチームづくりを担うことになったのです。

前章で解説した「ホールシステム・アプローチ」が私の方法論ですから、チームのメンバーは全員参加です。幹部も古参社員ももちろん放っておくわけにはいきません。

◎古参社員と若手社員のギャップをいかに埋めるか

ネット社会になって、新しい技術がどんどん生まれ、仕事の環境が激変している中で、このような古参社員と若手社員とのギャップに悩む会社は増えているでしょう。あなたの会社も似たような状況かもしれませんね。

そのような場合、大きな世代間ギャップによって仕事や会議に対するメンバーの意欲に温度差が生まれがちです。円滑なコミュニケーションを妨げ、下手をすれば未来の業績の悪化にもつながりかねません。

そんな心配もよぎる中、前章までに説明してきた内容を実践してもらったのですが、全員参加のＴＤＣにもかかわらず、古参社員から大きな反発が出ることはありませんでした。

完璧にできたかどうかはさておいても、

「何か若い人たちがいろいろ始めたみたいだぞ。まあ、とても自分たちはついていけないけれども、ちょっとやってみようか」

そんな気概が伝わってきたのです。

２章で説明した「アクションリスト」（１４２ページ）も、ＰＣを使ってクラウドで共有することはできなくても、プリントアウトしたものを見せたところ、理解し、納得してくれるのです。

過去に入ったコンサルタントがすべて失敗していたわけですから、当然のように私に対しても、こんなふうに思われていたそうです。

「また、社長が東京からわけのわからんコンサルタントを連れてきたよ……。まあ、どうせ何も成果が出なく1年かそこらで終わるだろう」

しかし、結果的にメンバーの間で共感が生まれ、ＴＤＣに一丸となって取り組むことができた。スタートは上手くいった言ってよいでしょう。

もう少し、この会社の話に付き合ってください。

T社長から受けた依頼の中に、実はほかにも重要な案件がありました。

ざっくり言うと、

「売上や利益も当然大事だが、お客さんの困りごとを解決する会社にしたい」

というものでした。

具体的には、

「オフィス用品が売れなくても、お客さんの困り事が解決すればいいじゃないか」

という発想です。

広さや場所など希望に沿った物件が見つからずに困っている経営者がいました。残念ながら、こうした要望にビジネスで応える力はこの会社にはありませんでした。いくら相手が困っていても対応できないのだから、通常ならスルー案件。ところが、たまたまこのときはさまざまな事情が重なったこともあり、ある業者を紹介することができた。しかも紹介料などは取らない。結果、お客さんも業者も大感謝というビジネスになったのです。

一方、業務連絡をしていますから会社では人件費が発生しています。なのに売上は0円。しかし、業務を紹介（マッチング）してもらったことで業者には借りができたわけです。

費用は払えないが、恩はある。

その恩に応える形で、オフィス用品を検討している会社を紹介してくれるようになったのでした。

「知り合いにいい会社があるんだよ。ちょっと安いやつがないか聞いてみようか?」

こんなふうに何かあればこちらの商品をすすめてくれる。

高いお金を払って広告を打つよりも大きな宣伝になりました。

何よりも本当に困っていたお客さんが事あるごとに「○○という会社に助けてもらった」と言ってくれたこともあって、口コミが広がり、会社のイメージアップにまでつながったのです。

スルー案件としていたら生まれなかった物語です。


古参社員たちは「既存の商品を売らなければ業績が伸びない」という固定観念に縛られていました。先代社長のやり方だったので仕方ありません。

3代目は**「お客さんの困り事を解決する会社」という新しいコンセプト**を打ち出しました。従来のやり方とは全く異なる。

「甘っちょろい」

「そんなやり方では会社が潰《つぶ》れる」

大きな反発があっても驚かない状況でしたが、TDCを通して、**若手と古参との間に一体感と共感が生まれていきました。**

「まあ、社長が若くなって、うちもそういうふうに変わってきたんだから、これからは新しいやり方でやっていこう」

時間はかかりましたが、理解もじわじわと深まっていきました。その結果としてどうなったか。

新しいコンセプトである業務の〝周辺のこと〟に積極的に取り組み始めたところ、結果が数字に現れ始めました。困っているお客さんに感謝され、しかも業績が伸びる。老いも若きも巻き込まれて、新しい協力体制が生まれることになったのです。

紙幅の関係もあり端折ってお伝えしてきましたが、この会社でもTDCを行い、活発な発言が生まれる環境整備から改革が始まりました。重要なのは、メンバー全員に共感が生まれるしかけです。感情だけでは混乱し、方法論だけでは反発しか生みません。

共感が生まれ、チームの発言がみるみる増えていく4つのしかけについて、以下でお伝えしたいと思います。

チームの発言が増える4つのしかけ

① 共感が得られるよう、何を中心にまとめるかを設定する

メンバーが一丸となるには「共感」が欠かせませんし、共感を得られるとそのチームはどんどん強くなっていきます。

そんな共感を得られるように、「何を中心にまとめるか」を設定しましょう。その指標は、かっこいい大義名分やありがたいお題目である必要はありません。むしろ、参加者たちの意義を明確にするものを設定しましょう。

「ミッション、ビジョン、バリュー」の3つの観点から設定します。

ミッションは使命感。ビジョンはチームの将来像。バリューは社会に貢献する価値。

この3つの観点が含まれると、メンバーに加わることで成し遂げられるものが何かわかり、それが共感へとつながっていくのです。

② 行動するよう、具体的な数値の計画を立てる

いくら意欲に燃えるチームであっても、具体的な計画がなければ行動することができま

せん。**必要なのは、数値化された計画**です。具体的には、**「いつまでに、誰が、どこで、何を、どうやるのか、そのことで得られる成果」を数値で設定**してください。それを達成するために、メンバーにどのような動きが求められるのか、その行動を計画していくのです。

計画を立てるメリットには、途中経過がわかるという点が挙げられます。具体的な数値があるので現状と照らし合わせやすいのです。

数値ではなく、根性論的、精神論的なアプローチをしていると、自分たちが今どの地点にいるのかわからなくなってしまいます。にもかかわらず、「まだ足りない」などと具体的でも数値でもない、精神論的なアプローチをしてしまっている企業が後を絶ちません。

③ 評価基準を決める

次は、「評価基準」を明確にしておくこと。身に覚えがある人もいると思いますが、気分や好き嫌いで評価をする上司は信頼も共感もされません。**感情ではなく、常に一定の条件のもとで、客観的に評価をする**必要があります。

いくら寝る間を惜しんでがんばっても、チームに正しく貢献できていないのであれば高い評価はしません。反対に、費やした時間が必要最低限でも、それが正しく貢献できているのであれば高く評価すべきなのです。

「働き方改革」や「生産性向上」が叫ばれる昨今ですが、「寝ないこと」や「残業時間の多さ」に美徳を感じる層も一部残っています。そうではなく、客観的に成果で判断しましょう。

④ 学びが習慣化されるよう、しくみ化する

強いチームは、メンバーが常に成長しているチームです。成長し、強くなっていくには、学び続ける必要があります。

意志の力だけでは「続ける」ことはなかなかできません。ダイエットや受験勉強を思い出してみてください。意志は時間の経過とともに減っていってしまうのです。そこで有効なのが「習慣化」。一度習慣化してしまえば、続けやすくなります。そのためには少々時間が必要です。

形成外科医で臨床心理学者でもあるマクスウェル・マルツが「私達の持っているイメージが変わるまで通常、最低でも約21日かかります」（『自分を動かす』より）と言っています。つまり「習慣化には3週間かかる」のです。気分が乗らなくても、前日飲み会で二日酔いでも、まずは3週間続けてみましょう。習慣化のリズムがつかめるだけでなく、「ここまでやったんだから、きっと続けられるだろう」と思えるようになります。自分に対する自信もつきます。

仕事でも同じ。学ぶことを習慣化してしまえば、学ばないと気持ち悪くなってきます。習慣化のコツは、意識して学ぶ機会の頻度を上げることです。

また、学びの習慣化は属するチームの成長に直結します。だから学びをしくみ化する必要があるのです。メンバー個人やチーム全体の内部に知識が蓄積され、次の成長へとつながる糧にもなります。

本章の冒頭でお伝えした会社でも、「学びのしくみ化」を行いました。社長と対話する中で、「全員で勉強して、もっともっと情報量を増やす必要がある」という話になったからです。

私は、読書ほど知識を得るために格好の方法はないと思っています。読書はすべての学びの基本。読書量に比例して、きちんとした知識が確実に増えるからです。

前掲の会社で読書を導入した多くの社員が、
「本を読んでいるぐらいなら、1社でも多く営業に行ったほうがよい」
と不満を感じていたと思います。

会社はもちろん利益を追求することが重要ですが、自分ができないこと、知らないことを学び習得するために存在しているとも言えます。本を読んで得ることができる知識やノウハウは、すぐに役立たないとしても、いつか必ず役立つときが来ます。

若手社員であっても、マネジメントに関する本を読んでおけば、その人が管理職になったときに役立つかもしれないのです。リーダーはこのような学びの場を積極的に設けるべきでしょう。

ちなみに、この会社では**「読書シェア」**を行いました。

これは読んだ本の内容を紹介し、感想を伝えて、本の要点や面白さを他の社員と共有する本のプレゼンテーションです。

本の紹介文を書くフォーマットを作り、社員全員がパソコンで閲覧できるようにしました。そして、読んだ本の感想を月に1冊分載せることをルールにしました。本は漫画と絵本以外なら何でもOKで、例えば料理本でも構いません。ここでは月1冊というのが肝になっていて、読む頻度が決まっていることが重要。自分の好きなペースで読んでいると、なかなか習慣化できません。続けるのがちょっとキツいぐらいの頻度にすると、習慣化しやすくなります。

これは、会社という組織で行うことのメリットも大きいものです。というのも、**他人の書いた感想を読んでいるうちに、実際に自分で本を読んだときと同じくらいの情報が手に入る**からです。

さらに、本を読んだらそれを短く紹介しなければいけないので、自分の中で整理して要約する力が身につきます。**アウトプットを意識すると、インプットの質も飛躍的に向上する**のです。感じたことを表現する力もつきます。読書シェアは、一石二鳥どころか三鳥や四鳥の効果がある良策なのです。

株式会社パジャボス 必読書リスト

「7つの習慣」	スティーブン・R・コヴィー キングベアー出版
「ヤフーの1on1」	本間浩輔 ダイヤモンド社
「マッキンゼーが予測する未来」	リチャード・ドッブス他 ダイヤモンド社
「OPTION　B(オプションB)」	シェリル・サンドバーグ他 日本経済新聞出版社
「フィードバック入門」	中原淳 PHPビジネス新書
「アナタはなぜチェックリストを使わないのか」	アトゥール・ガワンデ 晋遊社
「生産性」	伊賀泰代 ダイヤモンド社
「Webライティング」	ふくだたみこ ソーテック社
「Webライティングのネタ出しノート」	敷田憲司 翔泳社
「できる逆引きGoogleアナリティックス260」	木田和廣 インプレス
「クラッシュ・マーケティング」	ジェイ・エイブラハム 実業之日本社
「ハイパワー・マーケティング」	ジェイ・エイブラハム KADOKAWA
「コンテンツ・マーケティングの教科書」	コンテンツコミュニケーション・ラボ 日経BPコンサルティング
「小さな会社　ネット通販億超えのルール」	西村公児 すばる舎
「お客が集まるオンライン・コンテンツの作り方」	アン・ハンドリー他 ダイレクト出版
「自力でドカンと売上が伸びるネットショップの鉄則」	竹内謙礼 技術評論社

「2日で人生が変わる『箱』の法則」	アーヴィンジャー・インスティチュート 祥伝社
「自分の小さな『箱』から脱出する方法」	アーヴィンジャー・インスティチュート 大和書房
「日常の小さなイライラから開放される『箱』の法則」	アーヴィンジャー・インスティチュート きずな出版
「管理しない会社がうまくいくワケ」	アーヴィンジャー・インスティチュート 大和書房
「売れる会社のすごい仕組み」	佐藤義典 青春出版
「社長が知らない秘密の仕組み」	橋本陽輔 ビジネス社
「何のために働くのか	北尾吉孝 致知出版社
「ルーキー・スマート」	リズ・ワイズマン 海と月社
「やり抜く力　GRIT」	アンジェラ・ダックワース ダイヤモンド社
「ムーブ・ユア・バス」	ロン・クラーク SBクリエイティブ
「スピード・オブ・トラスト」	スティーブン・M・R・コヴィー キングベアー出版
「パワー・クエスチョン」	アンドリュー・ソーベル他 CCCメディアハウス
「謙虚なコンサルティング」	エドガー・H・シャイン 英治出版
「戦略を、実行できる組織、実行できない組織。」	クリス・マチェズニー他 キングベアー出版
「ともに戦える『仲間』のつくり方」	南壮一郎 ダイヤモンド社
「まずルールを破れ」	マーカス・バッキンガム他 日本経済新聞出版社

A4　1枚で情報を知識の引き出しに加える

●著者が言いたいことをまとめる（200字以内）

●要点を7つにまとめる（ひとつ35字以内）

1

2

3

4

5

6

7

●自分に活かせる気づきは？（200字以内）

●他のメンバーに教えたいこと（200字以内）

●参考文献（200字以内）

本の紹介文の書き方については、添付のフォーマット（右記）をご活用ください。テンプレートがあったほうが書くほうも読むほうも楽だからです。ただでさえ負担に思える作業でしょうから、面倒くさいと続かない原因になってしまいますので。

何を読んでいいのかわからないという方のために、この本の特別付録として、私が弊社社員に必ず読んでもらっている「必読書リスト」を添付しました。参考にしてみてください。

チームの発言が増える4つのルール

① 俯瞰力

ところで、組織の中に会社全体のことを考えて動いている人はどれくらいいるでしょうか。組織にいる一人ひとりが会社全体を俯瞰して見る力が不足しているとミスやトラブルに発展してしまいます。「全体思考」という言葉があります。これは、物事を自分中心に考えるのではなく、「今、チームから求められている自分の役割は何か?」という具合に、全体から個人の取り組みを考えられること。多くの仕事は、自分たちがやっている仕事だけで完結するわけではありません。例えば、資料作りひとつでも、他の人も活用しやすいデータのフォーマットにしておくとか、共有しやすいようにしておくことは全体思考ですし、俯瞰力のある人の行動です。

よく「鳥の目、虫の目」といいますが、鳥の目は、ターゲット全体を高い位置から見渡す視点です。一方の「虫の目」とは、近づいてターゲットをあらゆる角度から細かく見る視点を指します。多くの人は虫の目が育ちすぎて、鳥の目がおろそかになってしまいます。いわゆる「木を見て森を見ず」で、細かいことだけに目が行き、物事全体を見通せません。俯瞰力とは、鳥のように高い位置から状況を見るということです。全体を見るためには、一段高いところからの目線が必要です。

会議にあてはめると、部分的には熱い議論ができたとしても、黙っているグループがあれば全体の雰囲気に影響してしまいます。全体的に活発な話ができているかどうかに目を配るのが鳥の目です。「高いところから全体像を把握する」というイメージで、鳥になった気分で高い位置から下を見て、全体像を把握することから始めてみましょう。

話し合いを正しい方向に進めていくにも、組織として進むべき道を歩んでいくにも「俯瞰力」は欠かせません。鳥の目を持つことで、「何のための話し合いなのか」が明確になり、ブレない進行ができるようになります。

また、この俯瞰力は会議だけに求められるものではありません。虫の目しか持っていない社員は多く、すると目先の数字や上司の顔色ばかりをうかがってしまいます。例えば、「今日は部長の機嫌が悪いので、マズい報告は言いづらい」というように、結果的に、近視眼的なところしか見ていない。社長の顔色しか見ていないから、俯瞰できていないのです。意識していくと、周りが見えてきます。

② 誰もが自由に発言できる空気

自主的な問題解決ができるチームになるためには、参加者全員が意見を言いやすい雰囲気づくりが欠かせません。そのためには意見が出るまで待つ必要がありますし、さらにはメンバーから提案された解決策に真摯《しんし》に耳を傾け、決して否定することなく、メンバーの気づきを待つというプロセスも必要です。

要は、本音を語り合える環境です。

本音を語り合える環境とは、安心と安全が守られ、空気を読む必要がないということが重要。誰もが自由に発言をすることができる場をつくるためにも、この会議では、上下関係は一切ないものとしましょう。仕事上の上司がそのままの関係を持ち込めば、部下は恐縮してしまい、意見が言えなくなってしまうことは目に見えています。だから、あなたが課長や部長であっても、この会議ではあくまでも「ファシリテーター」に徹してください。

③無関心をなくす

何度も言っていますが、チームが一丸にならないといい会議にはなりません。そのためにも、無関心な参加者を出さないようにすることを意識してください。この本で紹介している内容は、参加者がお互いに関心を持つためのプロセスを盛り込んでいますが、今一度、意識してください。

例えば、「あいつは、どうせ話が通じないから」と思っていたり、無意識に違う意見の人を無視したりすることはないでしょうか。気が合わない人を粗末に扱ってはいけません。テーマや参加者について興味がなかったり、固定概念が強すぎると無関心につながりやすいと思うのですが、社長だったり、その会議の上の立場の人がよく陥りがちです。

「ペーペーの人の言っていることなんかに興味はない」

「俺がこの道、何年やってきているんだ！」

これは私がＴＤＣを行う社長さんがよく言うセリフでもあるのですが、彼らは若手社員の言っていることなんか興味がないわけです。

そう言われたり、思われたほうとしても「どうせ何か発言してもろくなことないし」

「言っても無駄だから黙っておこう」となるわけです。

これでは良い議論はできませんし、参加者たちも自分事にすることが難しいでしょう。そして、指示待ち族が増えていきます。

これを反面教師にしてください。各参加者を「人」として扱うことで、チームから無関心がなくなり、一体感が生まれ、結果として目標を達成できる組織に変わるのです。

④ 原則として全員参加、途中入退場禁止

会議のルールでもお伝えしましたが、チームの一体感を高めるために、全員参加・途中入退場禁止は守るようにしてください。この会議が「すべてにおいて最優先されるべきもの」という意識を参加者全員に持たせることがチームづくりの成果に関わります。

チームの発言が増えていく4つのステップ

4つのしくみ、4つのルールを経て、チームの発言が増えていくステップをここで確認しておきましょう。

4ステップのまとめ

①　お互いの立場、考え方、背景が理解されることでメンバーの関係性が深まる
②　コミュニケーションがレベルアップすることでメンバーの関係がよくなる
③　目的に対する意識が共有されることでチームの成績や能力が上がる
④　メンバーの行動が劇的に変わる

チームの発言が増える 4つの確認事項

最後の４つは、確認事項です。こちらもすでにお伝えしてきたので、さらっと触れておきましょう。

①　**開催の目的（抱いている仮説や期待）**
②　**解決するべき優先課題**
③　**目標**

④ プログラムの内容

見切り発車のまま進むと、時間のロスにもつながります。実りのある会議にしていくためにも欠かせないことですので、改めてここで確認しておきましょう。

【コラム】「ルールブック」のすすめ

4つのしくみ化は、私の会社でも実践しているのですが、その際**「ルールブック」**を活用しています。私はこれを「コーポレート・カルチャー・スタンダード」、通称ＣＣＳと呼んでいます。コーポレート・カルチャーとは「企業文化」のこと。企業によって異なるそれぞれの文化を文書化し、組織に関わる全員の思考、行動、判断基準の統一を図るのが、ルールブックの狙いです。

また、企業の理念や社会的・業界的役割、商品作りやお客様対応の方針といった、組織の根幹を成す考え方から、普段の業務の取り組み方まで、細かくルールを決めて記載します。

私の会社では、

「スカイプミーティングの際、何分前からスカイプにログインしておくべきか」

ということまで決めています。社員全員が共有することで、誰もがどんな場面でも同じ行動をとれるようにするためです。

手帳とセットになっていて、読めば具体的な計画も評価基準も一目瞭然。

こちらのフォーマットも掲載しておきますので、参考にしてみてください。

このルールブックは作ったら終わりではありません。3カ月ごとに見直してバージョンアップさせています。一度ルールブックを制作したあとで、

「こういう項目を入れたほうがいいかも」

「この項目はわかりづらいから改善が必要」

といったことが必ず出てくるものです。それらを社員全員で話し合いながら決めるのです。全社員をルールブック作りに参加させることで、みんなでそのルールに従おうという意識が浸透します。そうすれば、組織はより一丸となっていきます。

4章

結果を出す会議は「課題発見力」で決まる

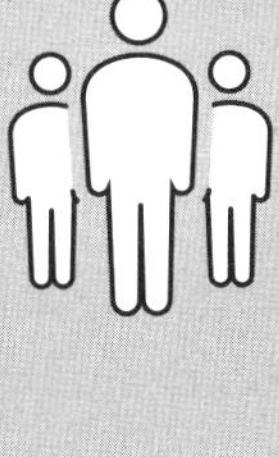

課題とずれた努力は何をやっても意味がない

人はがんばっている人が好きです。汗をかいてよく動き、素直な人に好感を持ち、より高い評価をしたくなるものです。しかしこれは正しい評価なのでしょうか。

これは、ある商品を小売店に卸している会社で実際に起きた出来事です。

得意先が商品の発注をうっかり忘れてしまい、在庫を切らしてしまった。すると電話がかかってきて、

「今すぐ必要だ。悪いが持ってきてくれないか」

と言われたというのです。得意先にとっては店に並べる商品の仕込みにかかわること。まさに一大事です。

電話対応していた社員のAさんは「わかりました!」と言って、すぐにお客のところに飛んでいきました。得意先からは大層感謝されて、さらに嬉しくなりました。会社に戻ってきて、「あの得意先からオーダーが入ったので、すぐに持っていきました!」と自慢げに上司に報告します。

心温まる現場のエピソードに聞こえなくもないのですが、ビジネスの観点から見るとどうでしょう。

このときAさんが配送した商品の量はわずか２kg。粗利は約５００円で、行き帰り分のガソリン代になるかどうかも微妙なラインです。上司がそのことを指摘すると、Aさんがこうひと言。

「大丈夫です、プリウスですから」

作り話のようですが、本当にあった話なのです。

人件費とガソリン代を考えれば完全に赤字。つまり生産性はマイナス。

会社では注文があったからといって、すぐに届ける行為は禁止されていました。ルート便があるからです。ルート便で対応しておけば２～３時間遅れにはなりますがその日のうちにに到着します。

「ルート便でよかったよね？」

と上司が言っても、Aさんは、

「いや、お客さんが困っていて、少しでも早く届けるべきだった」

の一点張り。むしろ「なぜ、ほめてもらえないのか」と言わんばかりの顔だったそうです。

Aさんは自分の手で商品を届けることに充実感を持ってしまっています。冷静に考えればこの行動の正当性がわかるのですが、よくよく話を聞いていると、社長の言いつけを守っているだけだったのです。

本人は汗をかいて「がんばりました」と言い、それを上司が「よくやった」とほめる。Aさんは今の評価基準のもとでは正しいことをしていたのです。

社長の息子である現専務は、関連する大手企業で働いた後、会社に入りました。そしてこうした古き良き時代の名残《なごり》と言えば聞こえはいいですが、生産性ゼロどころかマイナスの会社カルチャーに遭遇して、驚きと同時に焦りさえ感じたことでしょう。

このままでは会社はダメになる。

「そういうことはやめないといけない」

現場の社員にいくら言い聞かせても埒《らち》が明きません。現社長がほめてくれるので、それが習慣になってしまっています。商圏にはライバルとなる会社が今のところ見当たらない。それもあって会社は維持できているだけとも言える状況だったのです。

こうした「無駄な業務」は間違いなく氷山の一角でしょう。

ビジネスをしている以上、「汗をかくこと」を評価の基準にしてはいけません。**「ガムシャラにがんばる人を高く評価してしまうこと」は、リーダーが最も陥りやすい過ちのひと**

つでもあります。

課題は疑問から生まれる

先ほどのAさんのように、やっている仕事に「疑問を持たない」というのは、ビジネスマンとして能力の伸びしろが限られていると言えます。言われたとおりに何でもやるだけでは、自分で課題を見つける力が育ちません。

「これをやってください」と言われたときに、「ハイ」と答えるのは素直でよさそうですが、理想としては、

「そうは言うけど、もっといい方法がないかな」

あるいは、

「上司が言っていることは本当に正しいのだろうか？」

など、こういう視点を持つようにならないと人は育ちません。

上司としてやるべきことは、とにかく自分で考えさせること。そして正解を与えないこ

とです。

「お客さんにこういうふうに頼まれました」

と言われたら、

「では、どういうふうにしたらいいか、考えてください」

と諭すことが、部下の成長を促します。

件《くだん》のAさんの場合、

「今からプリウスで持っていきます」

と言うときに、「他の方法はないか」とヒントを出し続ける。

そして見つけた複数の選択肢の中から、状況に応じて何を選択することが正しいのか、その答えを自分で出させるのです。

それが難しいようであれば、こういうやり方もあります。


今すぐすっ飛んでいくと言ったら、いったん落ち着かせて、上司が正解だと考えている答えと比較する。感情とロジックは分けて考える習慣をつけるためにも、「気持ちはわかる」と伝えつつ、その気持ちに従って動けば赤字が出るということを伝える。気持ちも汲みつつ、会社として赤字が出ないようにするためにはどうしたらいいかを考えさせる。

いよいよ「自分で持っていく」という選択しかできなくても、「今回だけ特別で、次はないですからね」と釘《くぎ》を刺す。

「素直な部下」と聞くと、チームに欲しいと思う人が多いでしょう。ところが、素直な部下ほど注意が必要なのです。

素直な部下は、「こうしてみたら？」とアドバイスすると、がむしゃらにがんばります。それなりに成果も出るでしょう。ところが、素直というのは同時に「疑問を持たない」という側面も持っています。

課題は、疑問から生まれます。日々の仕事の中で「このままでいいのか」「もっといい方法が他にあるんじゃないか？」という疑問や視点が課題をあぶり出し、解決につながっていきます。素直だとそこに気づきにくいのです。教えたことは忠実にやってくれるものの、自分から仕事や課題を見つけることは難しくなります。また、指示待ち族になってしまう可能性もあります。

いくら睡眠時間を削っても、汗を必死にかいていても、ずれた方向に努力しているのは会社のためにもチームのためにも、そして本人のためにもなりません。

日頃から自分で考えさせる癖をつけてもらうためにも、素直な部下というのは注意深く見守ってあげる必要があるのです。

チームで戦うなら リーダーシップは封印せよ

私は、強いチームをつくるとき、「チームシップ」を推奨しています。だから、チームシップの反対側にある「リーダーシップ」は否定のスタンスです。**チームで戦うなら、リーダーシップは不要。**今すぐ封印してください。

私はよく「渡り鳥」を例にしてお伝えしています。

大陸間など、長距離を移動する渡り鳥の群れは、先頭が時折入れ替わって飛んでいきます。先頭は空気の抵抗を最も受けるので、飛びっぱなしでは疲れてしまう。ある程度先頭を飛んだら、後ろのほうの気流の安定しているところに移動します。すると、同じタイミングで2番に飛んでいた鳥が先頭を飛ぶ。こうやって長距離を移動しています。もしも先頭を飛ぶリーダーが1羽しかいないと、疲れとともに移動速度が落ちてしまうでしょう。全体として移動が遅れてしまいます。

カリスマがいなくなったら、終わりでは困ります。今はリスクヘッジとして、あらかじめ副リーダーを用意しておき、万が一リーダーが抜けても副リーダーが代わりとなるようリーダーシップ研修を行う企業も増えています。

それならば、

「最初から全員がリーダーになればいいのでは？」

というのが私の意見です。

万能な人間はいませんし、誰でも得意なところと不得意なところがあります。リーダーを誰かひとりに特定するのではなく、仕事が来たら、その仕事が得意な人がリーダーになればいい。状況が変わったら、また違う人がリーダーをやればいい。仕事によって次々とリーダーが代わっていく。これがチームシップです。

だから、私がコンサルタントに入る企業の社長には、

「あなたの右腕は〝チーム〟にしてください」

と言っているほどです。

常に数人のチームが社長の右腕として機能していて、その人たちが代わる代わる先頭に立つ。仮に社長がいなくなっても、５人の中から社長が出てきて、残りの４人がサポートする。そういう状況をいつもつくっておきなさい、ということです。部長や課長の立場なら、自分の部署の人たちを自分の右腕と思いなさいということです。

チームシップとは、全員がリーダーとなるしくみのこと。ホールシステム・アプローチ

が全員参加なのもご理解いただけるでしょう。

『7つの習慣』（スティーブン・R・コヴィー著）で言うところの、**「真のリーダーシップ」というのはOKなのですが、一般的に言われているボス的リーダーシップはいらない。カリスマはいらない**ということです。

それはなぜでしょうか？

簡単です。**カリスマがいなくなったら、そのチームが終わってしまう**からです。

『ビジョナリー・カンパニー』（ジム・コリンズ著）の中に、「時を告げる人にはなれなくても、時を告げる時計をつくる」という一節があります。「今は何時何分だ」と時計がなくても時を言い当てるカリスマがいたとして、その人が死んだら時は永遠にわからなくなってしまう。であるならば、職人みんなが集まって（チームで）時を告げる時計をつくればいいのです。

「口だけ出して動かない上司」こそが、実は課題発見力のあるリーダー

ここから、真のリーダーシップについて考えてみましょう。

「口だけ出して動かない上司」は、嫌われる上司ランキングがあったら、確実にベスト3に食い込んできそうな、ダメ上司の急先鋒というイメージがあると思います。

サラリーマンといえば、以下のような不満が定番です。居酒屋などでも時々耳にするあれです。

「うちの部長はエラそうなことばっかり言うけれど、自分はほとんど仕事をしない」

「あの常務、口だけだよな」

しかし、サラリーマンの不満の最たるものとも言うべき、**「口だけ出して動かない上司」こそが、実は理想のリーダー像**なのです。

第1章で、「いわゆる有能なリーダー」は部下に仕事を任せず、自分で何でもやってしまうということをお伝えしました。

リーダーが何でもやってしまうので、リーダーの能力を超えたチームには永遠になれません。メンバーも育たないので、仕事量も成果も横ばいの状態が続いていくだけ。そして、先述したように、リーダーに体調不良など何かがあれば、チームの機能は即座に止まってしまうのです。

特定のひとりに頼り切っているチームを「強いチーム」とは呼びません。むしろ、**リーダーはチームにアドバイスを与え、メンバーをほめたたえ、自分自身は動かないのが理想**

です。そして、この**口だけ出して動かない上司こそが、部下にしっかりと「考えさせる上司」でもある**のです。

「口も出すけど、動く上司」というのは、ニアリーイコールで「部下に任せない上司」や「仲間を信じることができない上司」になってしまう。

一方で、リーダーが仲間を信じることほどチームを強くする要因はありません。部下は上司から信じられることでモチベーションを高くします。チームのメンバーも「結果を出そう」「課題を解決しよう」という気持ちになってくるのです。また、メンバー同士がそれぞれに関心を持つようになれば、メンバーが困っていることにも自然と目が行くようになるでしょう。

課題を発見しても解決しなければ価値はゼロ

以前、私がＴＤＣで入ったあるＩＴ関連会社は、社員が忙しく働いているのに、計画どおりに売上が上がらないことに頭を痛めていました。

そこで私は、会社が抱える課題を社員全員で見つける場を設けるよう提案しました。最初、この提案をしたときに、社長は「課題は時間がないことですよ」と言って怪訝な表情を浮かべました。

「たしかに、時間がないのが課題だということはわかります。でも、何が原因でそうなっているのかはわかりませんよね。人手が足りないのかもしれないし、ムダな作業が多いのかもしれない。そういった本質的な課題を見つけない限り、何も解決しません」

私がそう話したとき、社長は「その課題を見つけるのがコンサルタントの仕事ですよね」と、やはり納得できない様子でした。

「もちろん、私が課題を見つけて解決策を提案することもできます。ただ、それだと御社は、何か問題が発生するたびに外部の人の力を借りなければならなくなりますよ。自分たちで課題を発見して解決する力をつけたほうがいいのではないでしょうか。そのための方法を私がお教えします」

その言葉を聞いて、社長は私の提案に乗ってみようと決めたようでした。しかし社員全員が「時間がない」と言っているぐらいですから、話し合いのために1日を割くだけで、「その間に仕事がさらにたまってしまう」と反対意見もあったようです。それでも社長は「とにかく、一度やってみましょう」と社員を説得してくれました。

そして、課題を発見する話し合いの日。

最初は半信半疑で話し合いに参加していた社員の方々にも、次第に真剣な表情で取り組んでもらえました。実はこのプロセスが大事で、**それぞれが課題を意識し、一人ひとりが解決策を真剣に考えるようになると、それだけで問題の8割は解決したようなもの**なのです。

結局、課題だと思っていることを出してもらうと、ポンポンと100個以上の課題が出てきました。

第2章でお伝えした会議のプロセスに沿って集約させていくと、「納期を守れない」「個々の責任感がない」といった課題が浮き彫りになっていきました。そのうえで、それぞれの課題をどのように解決すればいいのかについても全員にアイデアを出してもらいました。話し合いの最後に、課題とそれを解決するために「やるべきリスト」を作成してもらい、いつまでに実行するのかも決めてもらいました。

私がこの会社に常駐するならいいのですが、そうはいきません。課題発見力を持たないとチームを強くしていくことはできないのです。

例えば、「課題は時間がないこと」と言われ、「そう。大変だね。じゃあ派遣スタッフを頼もう」というのは浅はかな考え方です。むしろ、緊急に派遣を雇っても、結果的に生産性は下がってしまいます。なぜなら、仕事量は同じで人数が増えているので、ひとり当たりの生産性は下がるわけです。

そんなに忙しいのはなぜなのかと一度立ち止まり、「その忙しい状態が続くと、次に何が起こりそう？」などと考えるきっかけをつくってあげることが重要です。

◎「正しい課題」を見つけられなければ、「正しい解決」は見出せない

「忙しいです」と言われたら、「なぜ忙しいの？」と聞かなければいけません。

具体的に仕事の中身を分解してみて、仕事量より人数が少ないということがわかったとしましょう。この仕事量を今いる人数でこなすためには、誰かが何時間か残らなければいけない。しかし残業を増やしたくはない。そこまで突き止めて派遣社員を入れるのであれば、生産性は上がるか変わらないはずです。業務量を把握して、人数が８時間分足りないのだったら、８時間働ける人がひとりいれば正常な生産性になるわけです。

しかし、実はよくあるのが、誰かと誰かが仲が悪いことで生じるロスです。早く連絡すればよかったり、連携すればいいものを足の引っ張り合いをしていて、業務量は大したことがないのに余計なことばかりしている。あるいは、仕事とは関係ないやり取りをしている。その結果、「忙しい」状況が生まれていたとしたら、それは「仕事に忙しい」のではなく、「バトルに忙しい」ということ。ここでスタッフを追加しても無意味です。むしろ、派遣スタッフに仕事を振って、空いた時間でバトルに集中するという不条理が跋扈《ばっこ》することにもなりかねないのです。

営業マンが「忙しい」と言ってきたとします。１０００万円の予算があるのに、５００万しか到達できていない。「なぜ？」と聞くと、お客さんから膨大な量の作業を頼まれていて、生産性の極めて低い仕事が目の前に落ちてきており、それをこなしていると時間ばかりかかって結果にもつながらないというのです。

表層的な課題だけしか捉《とら》えられない上司は、「もっと一生懸命にやれ」と本人のお尻を叩くでしょう。「なんとかして数字を上げろ」とか言うだけなので、その結果、長時間労働になります。

時間が１００あるとして、50はどうでもいい仕事に当てて、残りの50で５００万円の予算を達成している。それなら、さらに50働けば１０００万になるわけなので、「１・５倍働け」というおかしなロジックになります。

この場合の本当の課題は、

「余計に使っている50の仕事の中身は何なのか」

「それって本当にそれをやる必要があるのか」

という部分です。

そうであれば、この営業マンに本来伝えるべきなのは、「余計なことはするな」ということではないでしょうか。もちろん、今はタダ働きでも、近い将来、売上につながることがあるかもしれません。しかし、今は予算を達成することが先決。つまり、優先順位がバラバラなのです。

あるいは、「その仕事は誰かに振ったらどうか」とか、「他の人と仕事の交換をしたらどうだ」という解決策もあります。そういう解決策が見つけられないまま、でも数字はほしいので「とにかくがんばれ」になってしまう。

正しい課題が見つけられなければ、正しい解決策は見出せないという関係にあると思います。

結果が出る会議かどうかは、「牧場のたとえ」で一目瞭然

その会議がきちんと結果を出せる会議かどうかは、牧場を例にして「羊が逃げたとき」の対処法を見ることでわかります。

羊を柵で囲って飼育している牧場があって、知らない間に羊が逃げてしまっていました。

すでに数頭、遠いところに羊が逃げています。

結果が出る会議かどうかは「牧場のたとえ」でわかる

ある牧場で、壊れた柵《さく》から羊が逃げ出してしまった。あなたならどうする？

①羊は放っておき、壊れた柵を直す

②逃げた羊を追いかけて柵の中に戻す

結果が出る会議の発想

結果が出ない会議の発想

羊を戻すために、あなたならどういう行動をとりますか。
答えを先に言いましょう。

逃げた羊をそのまま追うのが「結果が出ない会議」
壊れた柵を直すのが「結果が出る会議」

多くの人が逃げた羊をなんとかしようとします。追いかけて柵の中に戻そうと奮闘します。これは一見正しいように思えます。汗をかいて働くという意味では好感さえ持てるかもしれません。しかし羊を追いかけるという選択は、問題の本質を完全に見逃してしまっているのです。

逃げた羊を懸命に追っている間にも、柵は開いたままになっているのです。今もそこから羊が柵の外に出ようとしている。その穴をふさがずに、1匹ずつ捕まえてきて柵に戻しても、戻しているそばから他の羊が逃げ出しているわけです。まさに、穴を掘ってその穴を埋めているような作業の連続。

しかし、実際に追いかけているほうは「一所懸命やっています」と言うでしょうし、上司も「よしよし、一所懸命に働いていて結構なことだ」とほめている。2人は満足していますが、相変わらず柵の中にいる羊の数と外にいる羊の数が変わっていなかったりするのです。本来は、壊れた柵を直すのが先。逃げた羊を追いかける前に、まず柵をふさぐ必要があります。そして、会議にたとえるなら、「鍵《かぎ》をかけ忘れないようにしよう」とか「もうちょっと頑丈な鍵にしよう」「鍵は2個付けたほうがいいのでは？」と提案を出すのが結果の出る会議です。

この例を出すと、必ず出る質問があります。

「逃げた羊はどうするんですか？」

これも実に簡単です。放っておけばいいのです。

羊たちは夜になれば帰ってくるからです。羊が柵の外に逃げても、実はそれほど問題ではありません。狼に食われてしまっては財産が減るので問題ですが、そういうことが起きない限り大した問題ではない。そして、帰ってきたら柵を開けて入れてあげる。そして、鍵をきちんと閉める。これで一件落着。

羊を捕まえに行く努力がいかに無駄か、わかっていただけたのではないでしょうか。

残念な会議のタイプ別「結果へのつなげ方」

発見した問題は、傷が大きくなる前に指摘し、チームの課題として解決しなくてはなりません。問題は見つけるだけでは問題のまま。ただ、ここに大きな落とし穴があります。**課題を発見する力と、課題を解決する力は別**だということです。

みなさんは自分のチームのメンバーが持つ、課題を発見する力と解決する力を見極めて、彼らを導かなくてはいけません。

「羊飼い」のたとえを用いて、お伝えしたいと思います。

ここでは牧場でのトラブルを例に、メンバーを「課題を発見する力」「解決する力」の組み合わせで4タイプに分類してみました。

まずは前提条件です。

柵に囲まれた広大な牧場。そこのゲートの鍵が古くなって壊れてしまい、羊が脱走しているのを発見しました。逃げてしまった羊は、数で言えば半分くらいです。このとき、それぞれのタイプの人は、いったいどんな行動をとるのでしょうか（18ページ参照）。

タイプ1 課題の本質を見つけられずに正しい行動ができない

タイプ1の人は羊が脱走している光景を見て、すぐにテニスラケットを手に取り、逃げていく羊に向かって飛び出していきました。羊たちを追いかけ回して、彼は汗びっしょりです。結局、1匹もつかまりません。

そもそもテニスラケットでは羊を捕まえることはできません。しかも、このときの彼は、もうひとつ大きな間違いを犯していました。開きっぱなしのゲートを閉めず、壊れた鍵を修理せずに捕まえに行ったことです。これでは羊は逃げていくばかり。逃げた羊は捕まえなければいけませんが、一番の問題は、羊が逃げられるゲートが開いてしまっていることです。

これは、「課題の本質を見つけられずに正しい行動ができない」タイプです。

ただし問題を「問題だ」と捉え、「解決しなければ」と思って行動している分、上司からは可能性が感じられるかもしれません。しかし、このタイプは、残念ながら課題の本質がわかっていないうえに、正しい行動もとれません。こういうタイプには、問題を見極め、正しい課題を考えるよう教えなくてはなりません。行動力はあるので、正しく導けば今以上の成果を出してくれます。

また、「一歩引いた目線」で課題をディスカッションすることが有効です。

商品配送の例で言えば、

「得意先に商品を君が直接持っていっていてはダメだよね。ルート便に載せるか、あるいは直接届けるのなら別の商品も同時に売って採算を合わせるかだよね」

と指摘してあげることで、正しいやり方を教えていく。そういう教育は必要となるでしょう。

タイプ2 課題の本質は見つけられないが、正しい行動ができる

タイプ2は、逃げ出した羊たちを見て、家からロープと犬を連れ出し、羊を追いかけていきました。タイプ1と同様、必死に大汗をかいて1頭1頭を連れ戻しています。

このとき、手にはロープという羊を捕まえるための正しい道具を持っています。しかし、ゲートを閉めていないので、羊がまた逃げ出しました。

これは、「課題の本質は見つけられないが、正しい行動はできる」タイプです。

一見正しい行動をとっているように思えますが、その場しのぎで乗り切ることができただけです。課題の本質がわかっていないので、根本的な解決にはなっていません。「道具は正しいけれど、ゲートが開いたままなら、羊はどうなるのかな」と課題の本質を悟らせなければならないのです。

例えば、お客様相談室にクレームが殺到し、クレームの対応をしっかり学ぼうとビジネスマナーの先生などに来て教えてもらい、問題を大きくする前に解決する方法をチーム全員が身につけたとします。それは解決策としては正しいでしょう。しかし、それ以前になぜそこまでクレームが殺到するのか、その原因を探らないと、課題の本質を見つけていないことになります。現場のスタッフの態度に問題があるのかもしれませんし、商品に不具合が起きているのかもしれません。根本的な課題を見つけないことには、ずっとクレーム

が続きます。

このタイプには、**結果が出なければ評価しないことを公言することが有効**です。

タイプ1とタイプ2に共通するのは、問題解決のための行動力があることです。動かなければ前に進まないわけですから、**行動力を大切にして、方向性や解決策について上手くサポートしてあげるとチームに貢献してくれる存在になる**でしょう。

タイプ3 課題の本質は見つけられるが、正しい行動はできない

タイプ3は羊を捕まえには行かず、ゲートも閉めません。その代わり、牧場主の横で「いや〜、いつかこうなると思ってましたよ」と囁《ささや》いています。

「だって、あのゲートはネジが錆《さ》びていたし、いつか勝手に開くと思っていました。ゲートを早く修理しないといけないでしょうねえ」

と言い、テーブルの上に牧場の羊のリストを広げます。

「今回の脱走のリーダーは、○番のジョージです。あいつは冬になると毛の伸びが一番いいんですよ。ウチの羊たちは○○という種でして……」

という感じで、いろいろと分析して口を出しても特に何もしないので、羊は相変わらず逃げっぱなしです。

この人は、「課題の本質は見つけられるが、正しい行動ができない」タイプです。

「ああ、こういうタイプ、うちの会社にいるな」

と思い浮かぶのではないでしょうか。

「じゃあ、それをやってくださいよ」

と言うと、

「いや、それは僕の仕事ではないので。僕はあくまでも業務委託なので」

などと答える、ツッコミを入れたくなるようなタイプです。

いわゆる**「批評家タイプ」**で、彼らは本質的な問題を見つける能力はあります。

しかし、極端な話ですが「ゲートが開いてるから逃げるんだ」とは考えられても、「じゃあ閉めよう」と解決するために自分で動こうとはしないのです。


こういう人は、課題解決力を身につける必要があります。課題が見つかれば、解決はしやすいはずです。羊を追いかけて捕まえてくることのできる人は、道具を持ってきて鍵を付けることもできる。そんなに特別な能力は必要なくて、「それをやらなければダメだ」ということに気づけばやれるのです。それでいいと思っていることをやめさせなければなりません。

「行動しなければ結果は出ない」ことを納得させるのが有効でしょう。

タイプ4　課題の本質を見つけ、正しい行動をする

タイプ4は、羊を捕まえにはいきません。ただし、彼はゲートを閉めて、頑丈なネジを打ち直して鍵を直しました。そして彼は、追うことをせず、小屋に戻り、まったく別の作業に取りかかります。

その様子を見て、「お前、何やってるんだ？」と牧場主はたまらず言います。

すると彼はこう返しました。

「もう、問題は解決しました。ゲートが開いてるのが問題なので、これを閉めれば終わりです。もう羊は逃げません。逃げた羊も、夕方になればお腹が減って帰ってきますよ」

そして夕方になると、彼の言ったとおり羊たちは帰ってきました。ゲートを開けて、羊たちを迎え入れ、頑丈に補強されたゲートを閉めて、作業は完了です。

これは、**「課題の本質を見つけ、正しい行動をするタイプ」**です。

一見、批判家タイプと同じように思えます。動かず、汗もかかないし、生意気に見えるので評価が低くなる場合もあるでしょう。しかし、ビジネスに対する課題発見力も、解決能力も、最も高いのはこのタイプの人です。先を読む力もあります。このようなタイプの人には、言うことは特にありません。**任せて、評価するだけでよい**のです。

5章

この会議後の「フォロー」で部下が動き続ける

役割分担、進行管理はすべて自分たちで決めてもらう

世の中で行われている会議は、その多くがその場限りの刹那《せつな》的な会議になりがちです。言いっぱなしで、アフターフォローもない。会議で決まったことはあるものの、誰も実行していない。最後まで追いかけないからうやむやで終わる。

これ、どこの会社でもよく見かける光景なのです。

実は、結果が出る会議を実践するうえで、一番大切なこと、それがアフターフォローです。これで会議の成果が決まると言ってもいいでしょう。

言い換えると、アフターフォローができていないと、いくら濃密で有意義な会議を行っても中途半端で終わってしまうでしょう。いろんな会議手法を私も実際に見てきましたが、やはり結果が出せる会議は、形は違えど、フォローがしっかりしていました。

ここでは、アフターフォローの極意についてお伝えしていきましょう。

まず、役割分担や進行管理は、メンバー自身に決めさせる。これが最重要のポイントになります。

実際の会議で大切なのは、何度でもこのことを「提案」し続ける。会議メンバー全員の合意のもとで進める。以上の2点かと思います。

潰れる会社や業績の上がらない会社の特徴として、社員が仕事に面白みを感じていない、上司がすべて管理したり、命令してばかりいることが挙げられます。

「自分事」にして、社員に楽しさや充実感を持ってもらうには、役割分担や進行管理を自分たちで決め、このチームの中の誰かが管理するというアプローチが有効な方法です。**人から指示されてやるのも、メンバー自身が決めてやるのも、どちらも作業量は変わりませんが、人からやれと言われたことは反発しやすいですし、自分たちで決めるとやりやすくなります。**

私がＴＤＣを行った会社の社長の中には、

「俺にやれと言われた仕事を後回しにしやがる」

と言って嘆く人もいます。

社長はイライラして愚痴を言いますが、私は内心「それはそうですよ」と思って話を聞いています。

相手も人間なのだから、自分のやりたい仕事が先になるのは仕方ないでしょう。だったら、社長や上司がやってほしいなと思うことを、「お前、これをやれ」と言うのではなく、部下が「俺、やります！」と言うような状況に持っていけばいいのです。

メンバー自身が決めるのは、「自分と約束」をさせることにもなります。上司やリーダーは、チームが目標達成に向かってきちんと動いているかどうかを把握する必要があります。「どうなっているの？」

と確認するとき、なかには、

「いや〜、別件が忙しくて……」

と言われる状況もまああるでしょう。そこで、

「自分でやると言ったよね？」

と言えるかどうか。そのためにもメンバーに自分で決めさせることが有効なのです。

口を出さずに結果を出させる法

フォローは週1のメンテナンスです。具体的なやり取りをまずは見てください。

リーダー「あの新規の案件、どうなった？」
部下Ａ「ダメでした」
リーダー「そうか、なぜダメだったんだろうね」
部下Ａ「〇〇だからじゃないですかね……」
リーダー「そうかもな。でも、目標は100万だよな。このままじゃ足りない。で、次はどうする？」
部下Ａ「案件はこれと、これと、これと3つあります」
リーダー「なるほど。でもそれだとちょっと足りないな。今までの数字からすると、何件ぐらい新規があったら100万ぐらいの売上になりそうだ？」
部下Ｂ「10件ぐらいですかね」
リーダー「100万足りないなら、新規を10件見つける必要があるな。どんなことをやったらいいかアイデアないか？」
部下Ｃ「じゃあ、みんなで協力して、今期間に合うような新規先をもう1回みんなで探しますか！」
部下Ａ「わかりました！　課長、みんなでまたテレアポやりますか。明日、他の人たちにも声かけます！」
リーダー「そうだな、もう俺たちのやれることはそれしかないかもな。じゃあ、悪いけど、みんなでいっせいにやるか。いつ空いてる？　早目にやらないと間に合わないかもしれないから、なるべく素早くやりたいな」
部下A　「俺は明日でいいですよ」
リーダー「他のみんなはどう？　B君以外は、明日空けられるみたいだから、ちょっと午前中2時間だけみんなで集中してやるか！　B君は何か午後からやってくれ！」

このやり取りがよい例です。強制はないけれど共感がある。リーダーは誘導してはいますが、行動を決めているのは部下たち自身。
それでは下記のようなやり取りだとしたらどうでしょうか。

リーダー「あの新規の案件、どうなった？」
部下A　「ダメでした」
リーダー「おいおい、それじゃあ目標に足りないだろ。よし、明日の朝イチからテレアポやれ」
部下A　「はい……」
部下B　「すみません、午前中はアポが……」
リーダー「何？　売上足りないんだろ？　そんなのキャンセルして午前中やれ」

これでは部下が「勘弁してくれよ」となるのは必定です。

得てしてリーダーは、後者のやり方で仕事を押しつけてしまいがちです。言うほうも楽ですし、自己正当化も知らず知らずのうちにやってしまっています。「俺は正しい」という自己正当化です。

「このテレアポを即座にやるのが売上につながる。それしかないに決まってるだろう」

「お前らの予定なんて知るか」

「課の売上が足りないんだから、そんなどうでもいいおやじのところに行くアポなんか、すっ飛ばして、テレアポをやったほうが効果的に決まってるだろう」

という正当化です。

ここで注意しなければならないのは、**言われたほうも自己正当化する**ということです。

「あいつ、何にもわかってねえな」

「あそこに行くことこそが売上につながるのに。テレアポやったって、100件電話しても1件取れればいいほうだろ。そっちのほうが意味ねえよ」

つまらない自己正当化の連鎖は、部下との間に溝が生まれるだけ。こんな状態で、

「さあ、みんなでやろう！」

と言われても、部下はなかなか動きません。

やらされたとしても「ふざけんな」と思いながらテレアポしますから、結果にはつながりにくくなってしまいます。

口を出さずに結果を出させるためには、部下自らに決めてもらうこと。そのためのリーダーの誘導の仕方、参考になったでしょうか。

失敗しても追及しない

ある新規契約の話が突然ダメになったとします。

多くのリーダーは、担当している部下に対して同じようなフレーズを言い渡すのではないでしょうか。

「何があったんだ？　もう一回行ってこい！」

よくあるのが、

「なぜこんな失敗をしたの？」

という質問をすることです。

聞く側の上司にとっては、「事実」を知りたいがゆえの質問だったとしても、聞かれた部下は追い詰められている印象を持ち、精神的にも堪《こた》えてしまいがちです。「口を出さずに結果を出させる」とも関係してくる場面ですが、失敗したときの口出しは、「追及」になってしまいます。

本来は失敗しても追及してはいけないのです。私がこう言うと、「でも追及しなかったら事実がわかりませんよね」という意見が必ずと言っていいほど返ってきます。

私は放置しろと言っているわけではありません。**追及しないだけで、失敗は失敗として受け止めてもらう必要はある**のです。

何か失敗をしたときに重要なことは、失敗した相手を批判することではなく、その失敗に至ってしまった原因を把握し、今後に生かすことです。

失敗した部下を責めてしまうと、嘘をついたり、適当な言い訳をして、失敗の真の原因にたどり着けなくなってしまいがち。

「なぜ失敗したんだ?」と上司に言われても、部下も「なぜなんででしょうか……」と言うしかなかったりします。

相手の会社の内部事情や予算、あるいは知り得ない社内力学など、想像すらできないわけのわからない理由でダメになっているかもしれないのです。それを「なぜ」と言われても、答えようがありません。

「責任を感じてないのか」

と詰められると、何か言わないとその場がおさまらないので、仕方がないから何か言う。誰か他人のせいにする人もいれば、自分自身のせいにする人もいて、言えば言うほど深みにはまっていきます。

「いや、実は向こうの部長がこんなことを言って、どうのこうので……」

「だったら、こう言えばいいじゃないか」

「たしかにそうなんですけど、そのときはどうしても言えなくて……私の実力が足りません、すみませんでした」

「すみませんじゃねえよ、謝って済む問題じゃないだろう」

こうなってしまうと、長い時間をかけて積み重ねてきた信頼がすべて壊れてしまいます。

部下だって「だったら、自分で行ってこいよ」と心のうちで叫んでいるでしょう。

「そこまで言うなら、すべて指示してくれれば、そのとおりにやるよ」

そうと思って、結局、自分で考えるのをやめてしまうのです。

第3章でお伝えした「4×4のしかけ」も、すべて水泡に帰してしまいます。

せっかく築いてきたものをぶち壊すのが、社長や役員、部長などの上位役職者です。大企業などでは、課長もよくやりがちです。

自分が言いたいことを言って部下を追及したり、コントロールしようとしたりせずに、部下がどうすれば自分で考えるようになれるか、その誘導こそがリーダーの役目なのです。

部下がミスやトラブルを報告したときは、絶対に責めてはいけません。対策を一緒に考えましょう。ミスやトラブルを繰り返さないためにも報告し合い、みんなで改善点を考えるような環境をつくるのです。

「失敗は誰にでもある。でも次は同じ失敗をしないように、ミスを防ぐいい方法を考えてほしい」

などと言って、本人にアイデアを出させるのです。そうすれば部下も、失敗を反省しつつも前向きに「次から上手くやれる方法」を自ら考え、実践しようとするでしょう。このように人を動かすリーダーこそ、本当に優秀な真のリーダー、上司だと私は考えます。

優先順位は、緊急性が先か、重要性が先か

ここでは、スティーブン・R・コヴィー博士のベストセラー『7つの習慣』（キングベアー出版）から、第3の習慣にある「重要事項を優先させる」という項目から、私が特に共感した部分を引用することで、みなさんとも共有したいと思います。

効果的なマネジメントとは、最優先事項を優先することである。リーダーシップの仕事は、「優先すべきこと」は何かを決めることでもあり、マネジメントは、その大切にすべきことを日々の生活の中で優先して行えるようにすることだ。自分を律して実行することがマネジメントである。

規律とは、自分を律することだ。自分を律するというのは、哲学に従い、正しい原則、自分の価値観、もっとも重要な目的、より上位の目標に従って、あるいはその目標を象徴する人物を手本にして行動することだ。

要するに、自分を効果的にマネジメントできている人は、自分の内面にある規則に従

い、意志を働かせて行動している。内面の奥深くにある価値観とその源に従い、自分を律している。感情や衝動、気分に流されず、自分の価値観を優先できる意志と誠実さを持っているのである。

（中略）

（E・N・グレーは著書のなかで以下のように書いている）「成功者たちの共通点は、成功していない人たちの嫌がることを実行に移す習慣を身につけているということである。彼らにしてみても、必ずしも好きでそれを行っているわけではないが、自らの嫌だという感情をその目的意識の強さに服従させているのだ」

感情を抑え、最優先事項を優先するには、目的意識と使命感が要る。第2の習慣で身につけた明確な方向感覚と価値観が要る。そして、優先する必要のない物事に「ノー」とはっきり言えるためには、あなたの中に燃えるような「イエス」がなければならない。何よりも大切にすべきことを自覚していなければならないのだ。さらに、やりたくないと思っても実行する意志の力、その時どきの衝動や欲望ではなく、自分の価値観に従って行動する力も必要だ。それは、あなたが主体的な人間として行う第一の創造を誠実に実行し、かたちにしていく力なのである。

私もこれには賛成で、仕事は「緊急度」より「重要度」を優先させるべきだと思います。

それは自分の仕事だけではなく、部下に任せる仕事も同じです。

納期が3日後に迫っている仕事。納期はまだ先だが重要な仕事。もちろん、納期が迫っている仕事もしなければなりませんが、上司は、部下に目の前の「緊急度」の高い仕事ばかりさせるのではなく、緊急度は低くても「重要度」の高い仕事をさせるようにしなければなりません。

部下の立場にある社員は緊急度の高い仕事を選んでしまいがちです。例えば、半年後に提出する重要な営業企画の書類より、重要度は低くても締め切りが明日に迫っている経費精算の書類を作ることを優先してしまうのです。

事例 緊急性を優先する営業マンはなぜ生産性が低いのか

これは、私が保険会社で働いていたときのことです。

ちょうど「生損保相乗り」が始まった頃で、提携先の損害保険の代理店の営業マンたちに、「生命保険も売りましょう」という提案することになりました。東京海上とソニー生命が提携した時期でもあり、私はいきなり他社でバリバリ働いている十数人の営業マンたちを部下に抱えることになったのです。

日暮里駅直結のルノアールが彼らのたまり場でした。提携したとはいえ、よその会社ですから、東京海上の支店には行きにくい。でも、マネジメントしないといけませんから、そのたまり場にとりあえず行ってみます。すると、何時に行っても、担当の半分は絶対いましたし、２時間ぐらいそこにいるとほぼ全員と会えました。定期的に渡さなければいけない書類などがあったのですが、そうやって済ませていました。

その営業マンたちは、緊急性を優先してしまう典型的なタイプでした。彼らにとっての緊急性が一番高いもの、それは自分のお客さんが交通事故を起こしたときの対応です。営業マンのもとに、お客さんから「車をこすっちゃってさ」という電話がかかってくる。すると、すぐに飛んでいく。それが彼らの行動習慣になっていたのです。

Ｎさんという年配の営業マンがいました。お得意さんも多く抱え、たくさん保険を売っています。ものすごい気のいい方なので、お客さんから連絡があるとすぐに飛んでいくタイプでした。そこで私は聞きました。

「車がぶつかったときに行かずに済ませる方法はないもんですかね？」

「そんなもの、あるわけないだろう」とＮさんには鼻で笑われてしまいました。

しかし、Ｎさんの話を聞いていると、現場に飛んでいったからといって、特に何もしていないようなのです。

事故の処理は警察がやることですし、保険会社としても必要書類は諸々の対応が終わってから送ってもらいます。電話を受けたら、

「大丈夫ですか？　怪我《けが》はないですか？　物損か人身どちらですか？」

といったことを電話で聞けばいいだけ。あとは警察に任せればいいのです。そして、事故の届けを出して、写真でも撮って一緒に送ってもらえれば保険金の処理もスムーズにできるわけです。Nさんが現場で何をしているかといったら、ただ世話を焼いているだけなのです。わざわざ現場まで行って、

「こういうルートで来て、ここにぶつかってしまって、でね、破損はここなんですわ」

などと警察の人に一所懸命に説明している。本来、営業マンがやるべき仕事ではありません。


既存の契約者ばかりに世話を焼き、仕事の時間を費やしていては新規の獲得が難しくなります。


本人としては、そうやって世話焼きをして、その日は仕事をした気になっているのです。それでも、高い水準で成績がキープできていればいいのですが、Nさんの売上が落ちてきました。しかも、収入が減って困っていると文句を言っています。

「現場に駆けつけるより、保険を売ったほうがよくないですか」

と提案したのですが、「付き合いが大事なんだよ」となかなか首を縦に振りません。

でも、徐々にその習慣を変えてもらうようにしました。Nさんも現場に行くことは譲れ

ないようでしたので、それならば現場に行ったついでに、お客さんとお茶でも飲みに行って、茶飲み話で生命保険の案内をしてみるよう言いました。Nさんのことを信頼しているのなら、

「今日はブロック塀にこすっただけで済んだけど、人でも巻き込んだら大変だよ。そのときに自分も頭を打つかもしれない。医療保険ぐらい入っておいたほうがいいよ」

と言えば最高の営業トークになります。お客さんもNさんが世話を焼いてくれていることは知っているので、保険の提案をしたところで、引かれたりもしないでしょう。

こうして徐々に重要なことをやってもらえるようになりました。

また、日暮里のルノアールは、昼時や夕方以外に満席になることはありません。そこで、7〜8人の営業マンを集めて勉強会も開催しました。これまで生命保険を売ったことがない営業マンたちです。覚えなければならないことがいろいろある。そこで、資料を配りながら勉強会もしたのです。

私の講習は1時間と決めていました。その間は「携帯の電源を切ってください」とお願いしていました。Nさんのような人ばかりだったので、「電話がかかってきたらどうするんだ！」とも言われましたが、当時は地下鉄に乗っているときに電話はつながらなかったので、それがちょっと長くなったようなイメージです。講習が終わって留守電が入ってい

て、本当に行く必要があれば、そこから駆けつければいい。滑った転んだは止められないわけですし、滑った転んだのあとに電話がかかってくる。それが1分後か1時間後かの違いです。

ビジネスにおける優先順位は、緊急事項よりも重要事項。おわかりいただけたでしょうか。

最初に評価すべきは質よりも量

一般的に、「量より質」と言われます。しかし、量をこなせないと質も上がってこないので、最初から質ばかり求めても非効率的です。

武道の世界に「量稽《りょうけい》古《こ》」と呼ばれる訓練法があります。ある動きや型をとにかく繰り返し反復して体に覚えさせる、上達するためには欠かせない重要なトレーニングです。

この考え方は、ビジネスの世界でも有効です。特に若いビジネスパーソンが一日でも早く一人前になるためには、量をこなすことが欠かせません。

序章でお伝えしましたが、私は大学を卒業したあと、中堅のリース会社に就職しました。入社後の私はまさに仕事の鬼で、朝から晩まで人の何倍も働きました。業務量は途方もなく多く、睡眠時間が3～4時間という生活も続いていました。まあ、部下に任せられないダメ上司でもあったのですが、この頃にこなした膨大な仕事はまさに「量稽古」となっていて、私の血となり肉となったと思っています。

こうした「量」の話をすると、「質はどうなるんだ？」と疑問に思うかもしれません。

まずは質より量と考えます。プロの仕事にはすべて「時間の制約」があり、スピードを求められます。それに、心配しなくても、量をこなしていれば質は自然とついてきます。

「量質転化の法則」というものがあります。**圧倒的な量が、やがて高い質に変わる**という考え方です。部下にはまず仕事の量をこなさせ、上司が「自分がやってきたのと同じぐらいの量がこなせるようになった」と考えたときに、量から質に転換させる。その段階では基礎ができているので、部下はどんどん成長していくはずです。

人を管理せずに計画をチェックする法

人の管理はしないようにしましょう。私も人の見極めと、フォローするための把握は必要と思っていますが「管理はしない」と決めています。

メンバーの一挙手一投足を管理するのではなく、チャンスをつかんだメンバーを後押しするしくみ、要所要所でフォローするしくみ、成果を正しく評価するしくみ、これらをしっかり作るのです。そして、しくみと信頼関係のメンテナンスがきちんとできていれば、管理しなくても人は自分で伸びてくれるようになります。

反対に、どんなことにもこまごまと口を出され、指示をされていれば、メンバー自身が自分で考えるということがなくなり、やりがいもなくなってしまいます。

また、仕事を任せてもらえないことがきっかけで、「自分は信頼されてないんじゃないか……」と感じる人も出てくるでしょう。こんな状態では力を最大限に発揮することなどできません。

「管理するな」と言われると、不安という方も多いでしょう。

「部下をフォローできていない」という声も実際によく聞きます。


私は人の管理をしない代わりに、個人の計画をチェックしています。

以前、婦人下着メーカー・トリンプの元社長である吉越浩一郎さんが主導し、毎朝行っている「MS（マーケティング&セールス）会議」が話題になりました。会議には約50人もの役員や社員が集まり、「誰が」「何を」「いつまでに」対応するかを明確にしていたそうです。この会議は、毎日やっていることで、自然と計画を追いかけていることになるのです。例えば、「昨日言ったあれはすでにやった？　え、やってないの？　すぐやれと言ったよね」というふうにして。実際には昨日の今日のような間隔ではないにしろ、定期的にチェックすることでフォローしているのです。


こうやって**計画をリアルタイムに追いかけることで、人は自然と動く**ようになります。

反対に期限がなかったり、上司に聞かれることがなければ、後回しになってしまって動かないままになりがちでしょう。

実は、多くの企業ではこのフォローができていないので、課題を見つけたはいいものの、見つけただけで終わってしまうのです。「これは大変です」と言っていたのに、そのまま時間がたってしまいます。

本書では、週1のメンテナンスを推奨しています。

「どうせ来週また聞かれる」

「ヤバい、明日メンテナンスの日だ。一夜漬けでもいいから何かしておかなきゃ」

部下の反応はある意味どうでもよく。これが動くきっかけになるのです。その積み重ねで1個ずつ課題を解決していくわけです。


むしろ、私はこうやってお尻を叩いていくしかないと思っています。毎週毎週、

「どうなってるの？」

とずっと言われる。仕方がなくなって、ちょっとずつやる。そのうち期限が迫ってくると、

「マズい、こんなペースだと終わらないぞ」

とギアを上げていく。

私はこれでいいと思っていて、というより、これしか方法がないとさえ思っています。なぜなら放っておいて動くぐらいなら、誰も悩まないわけですから。

人を管理しなくなると、例えば、

「お前2時間もいなかったけど、どこに行ってたの？」

「家から営業先に直行すると言っていたけど、それにしては長いよな。何やってた？」

ということを言わなくて済みます。

こうした確認は、言うほうも、言われるほうも気持ちいいわけがありません。計画を管理していれば、計画どおり数字がちゃんと上がっているかどうかの問題なので、ちょっとした時間の使い方につべこべ言わなくても済むようになるのです。

勘違いしてはいけないのは、あくまで目的は、

「結果を出すこと」
「強いチームにすること」

であって、部下を自分の思いどおりに動かしたいのではありません。

部下という存在は、細かく管理するほうが、指導する側にとっては精神的に楽なもの。指導される側も、何も考えずに言われたとおりにやればいいので、やはり楽でしょう。しかし、そうやって育った部下は、上司が細かく指示を出し続けるしかないのです。そしていつまでたっても一人前になれない部下を抱え続けるのです。

高すぎる計画は絶対に立てさせない

「目標を立てたはいいけど達成できない」

これは、企業にも人にも多いのではないでしょうか。

目標を立てたのに達成できないと、全体の士気が下がる原因になりますし、このようなことが何度も続いていけば、

「どうせまた達成できない……」

と悪い癖のようになってしまいます。


達成できていないにもかかわらず、前回よりも高い目標を立ててしまうと、待っているのは最悪な状況です。前期に目標が達成できていないのに、

「今期は前年比１２０％を目指していこう！」

と勢いよく言われても、言われたほうが、

「どうせできない」

と思うのが普通でしょう。

そして、このような感情が社長や上司への不信感につながっていくのです。

適切な計画を立てさせるのが上司の役目です。

私は、ギリギリ手が届きそうじゃないところに目標を設定するのが一番いいと思っています。**「ストレッチ目標」**といいますが、**能力よりも少し高いレベルの目標を設定すべき**なのです。

「その目標はどの辺なの？」

とよく聞かれますが、それはケース・バイ・ケース。取り扱っている商品や規模、市場の環境や個人の能力など、要素によって変化します。一概に公式として出すのは、正直難しい。しかし、これまでの経験や会社としての目標などに鑑《かんが》みてみれば、がんばれば手が届きそうなポイントというのはつかめるのではないでしょうか。

もし、あなたが、

「目標を立てても達成できない……」

「部下が目標を達成してくれない……」

このようなことで悩んだ経験があるのなら、部下や組織にとって最適な目標設定になっているか、もう一度考えてみてほしいと思います。

さらに、**「計画を立てること」と「評価すること」はセット**にしないといけません。

部下に半年間の計画を立てさせるとしましょう。継続的に観察していると、目標を高めに出すタイプの人と、低めに出す人に分かれていきます。

そこで私は、高めに目標を設定してくるタイプの人には抑えめな目標を与えるようにしています。例えば、「自分、１５０％やります！」というタイプ。まあ、滅多にできないですし、こういうタイプは大抵「１０５％」などの結果で終わってしまいがち。だから、「一度、現実に自分のできる能力で確実に達成できるところでやってみたら？　その代わり確実にやろうな」

と提案します。

低めに、例えば「１０１％」みたいな目標を出してくる人には、

「いや、１１０％目指してみよう」

「君なら、１２０％はいけるよ」

と高めに持っていきます。

また、「１０１％」と目標を出して、だいたい「１１０％」で達成したという状況を繰り返す人なら、最初から目標を「１１５％」など高めに持っていきます。

「そのほうが評価が高くなってボーナスが出るから、そっちへ持っていったほうがいいんじゃない？」

というふうに誘導すれば、やらされている感もなく、高いモチベーションをキープして

くれます。

評価サイクルは短いほうがいいでしょう。1年というスパンではなく、四半期ごとに目標を設定して、達成度合いを評価していく。月次の面談の中で、3カ月単位でやっているものは3分の1ずつ見ていって、

「今どこまで来ている？」

と計画を評価していきます。

上司の役目は、適正な目標を立てさせて、それを達成できるように応援、支援すること。

そして、ビハインドであれば、何をしてあげれば目標達成できるか見てあげること。そして、2カ月たったところで目標を超えそうなら、もっと上のレベルに行かせるために何をしたらいいかを考えてあげる。大幅に目標を超えたほうが、評価制度によってはすごくいい評価で、イコール、報酬につながるのです。

しくみ化できないものは評価に値しないことを知っておく

評価に関して言えば、私は「しくみ化できないものは評価しない」ようにしています。なぜなら、**人に仕事をつけたら、つまり属人化させるとチームとして強くならない**からです。

特に営業部門では属人化しやすくなりますし、バックオフィスの仕事も意外とそうです。また、人数が少ない中小企業でも人に仕事がつきがち。

「経理の振り込みはあの人しかできない」

という状況などはよく見受けられますが、これは大きなリスクです。特にバックオフィスは、別の人でもすぐに同じ成果が出せるようにしておいたほうがいいでしょう。

私が社外監査役をやっている関通という会社があります。こちらの会社では「アニー」というチェックリストシステムを手がけていて、営業マンがチェックリストシステムに導入のセールスに行きます。すると、営業先の経理担当がこう言うわけです。

「でも絶対、私の仕事はチェックリストでマニュアル化できないんですよ」

と。さらに、

「すごく特殊なもので、ノウハウがむちゃくちゃあるんです」

と続けます。

一体どんなノウハウが詰まっているのか、1個ずつ順番に聞いていったところ、喜んで教えてくれました。

「まず、こうするでしょう、こうやって、パスワードを入れて……」

営業マンは、聞いた作業を手元に書き込んでいきました。そして、説明が終わったと同時に私はこう言いました。

「はい、チェックリストができました」

笑い話のようですが、こんなものです。マニュアル化できるものでも、複雑なままにしているパターンもあります。その経理担当のように、「独自のノウハウ」「私がいなくなったら、会社が回らない」などと自己防衛に走る人も多いです。しかし、それではチームとして強くなるわけがありません。

このような「しくみ化」できないものは、評価しないようにしましょう。全部オープンにし、リスト化して、誰でもできるというものを評価するほうが、部下が動きやすくなると思います。そして、動き続ける組織、つまり結果が出る組織ができ上がっていくのです。

付録

結果が出る会議のやり方

まとめ

本書の第2章で説明した会議のやり方をまとめました。
本文をお読みいただいたうえで、
メモ欄に気づいたことや確認したいことを記入し、
会議のシミュレーションとしてお役立てください。

事前ミーティング （→94ページ〜）

→ 定期的に（例えば月に一度）、30分かけて上司が部下の目標管理や業務の進捗状況を確認する。

→ ポイントは、就業中に1対1で行うこと。

→ 事前ミーティングをやっているか否かで、会議の成果は大きく変わる（参考『ヤフーの1on1』）

＜初回の質問例＞

- 今、あなたが抱えている最大の課題は何ですか？
- あなたの今の目標は何ですか？
- 達成されたらどんな気持ちになりますか？
- 今のままで目標は達成できそうですか？
- 今の課題を解決するために取り組んでいることはありますか？
- 課題を解決する新しい方法があったら取り組んでみたいですか？
- 3年後、5年後の目標はありますか？
- 今の課題が解決できたら、自分はどんな存在になれると思いますか？
- 今回の目標はどこに設定しますか？

1. チェックイン （→ 98ページ～）

- 全員が必ず話すためのウォーミングアップ。
- 参加者全員、車座（サークル）になって座る。
- リーダーが最初に会議の目的を再確認。
- ひとり30秒ずつ、参加者全員に現在感じていることを話してもらう。挙手制。

あなたの会議の目的は?

3. 背景の共有 （→ 104ページ～）

- 参加者に、質問例を使って、どのような人生を歩んできたのか、今ここにいる理由などをひとりずつ語ってもらう。
- 最低でも年に1回は行う。新しいメンバーが入ったときも全員で行う。
- 時間がかかっても止めるのは厳禁。

質問例

■ どうしてあなたはこの会社に入ろうと思ったのですか？
■ あなたはこの会社のどんなところが好きですか？
　また好きになったきっかけを教えてください。
■ 過去にさかのぼって、今までの自分の人生に起きた印象的な場面を紹介してください。
（生まれてから今までのマイストーリーを、自由に、時間制限なく、好きなようにお話しください）

2. アイスブレイク （→ 101ページ～）

- 参加者の緊張をほぐすために行う余興。心の準備体操。
  会議の冒頭のみで行う。休憩時間には行わない。
- 第1回目の会議や、初対面の人が多い場合などに行うとよい。
- 職場で関係性ができている場合は無理に行う必要はない。

どんなアイスブレイクを用意しますか

例：バット運びゲーム（ペンでもよい）、伝言ゲーム

5. 発言ルールを設定する——
——質問、提案、事実共有（→ 114 ページ～）

● 質問なのか、提案なのか、事実共有なのか。

● ダラダラとした発言にならないよう、必ず確認することを発言ルールとして提案し、参加者に了承してもらう。

● 会議とは意思決定の場。ダラダラとした無駄な時間をなくすために、
関係のないものはできるだけ排除し、
決められた時間で終わらせるためのルール。

＊厳格運用はかえって参加者の発言を激減させる原因になるので注意が必要

4. 話し合いのルールを提案 (→ 107ページ～)

- 会議に集中するためのルールをリーダーが読み上げる。
- 提案して了承してもらう、という流れを必ず踏む。
- 会議クラッシャー防止のために、模造紙に書いて張り出すのも効果的。

会議に集中するために守るルール

①携帯電話の電源はオフにする。通話はもちろん、メール、ネット接続も禁止
②ゲーム機、音楽プレイヤーなどの使用禁止（※休憩中も使用不可）
③決められた休憩時間以外は、個人的な都合で会場から出ていかない
④休憩は一斉に取る。体調悪化などの個人的な理由で退場者が出た場合は
　全体の休憩時間にする
⑤遅刻、早退、途中参加、睡眠は厳禁（※特別な事情を除く）
⑥相互理解を深めるため、帽子、マスク、サングラスはしない
　(※特別な事情を除きマスクもしない)

実りのある話し合いをするために守るルール

①楽しんで参加する（日頃の人間関係は忘れる）
②本気で本音を語る（納得したふりをしたり、遠慮したりしない）
③他の人の考えを否定しない（決めつけたり、変えようとしたりしない）
④他の人の発言をさえぎらない(自分の考えを保留して相手の意見に集中する)
⑤他の人の意見を無視しない(参加者を人として扱う)
⑥進行はリーダーに委ねて、会議中に行われるすべての出来事を受け止める

7. リマインドコール（→ 130ページ～）

- 6で目標が決まったら、声に出して読み上げ、全員で共有する。
- ポストイットに3行で書いた目標をさらに短縮し、シンプルな単語にまとめる。
- 目標を思い出しやすくするために重要なステップ。
- 短くわかりやすい単語にすることが重要で、目安は5～10文字。
  長いままだと「ほら、この間決めた、あの何月何日までにあれを……」
  などと、思い出しづらく共有しづらいものになる。
  以下のようなパターンがおすすめ。

■ **目標設定の最中に出てきたキーワード、象徴的なエピソード（例：増上寺）**
■ **目標の「頭文字」を集めたもの（例：SKU）**
■ **目標の文章の頭と最後を取って縮めたもの（例：ぼかっでん）**

6. 目標を設定する（→ 123ページ～）

● テンプレートを使い、下記の手順で目標を設定する。
目標を決めなければ、課題も見つからず、誰が、いつまでに、何をするのかが決まらない。このステップなしに「結果が出る会議」はあり得ない。

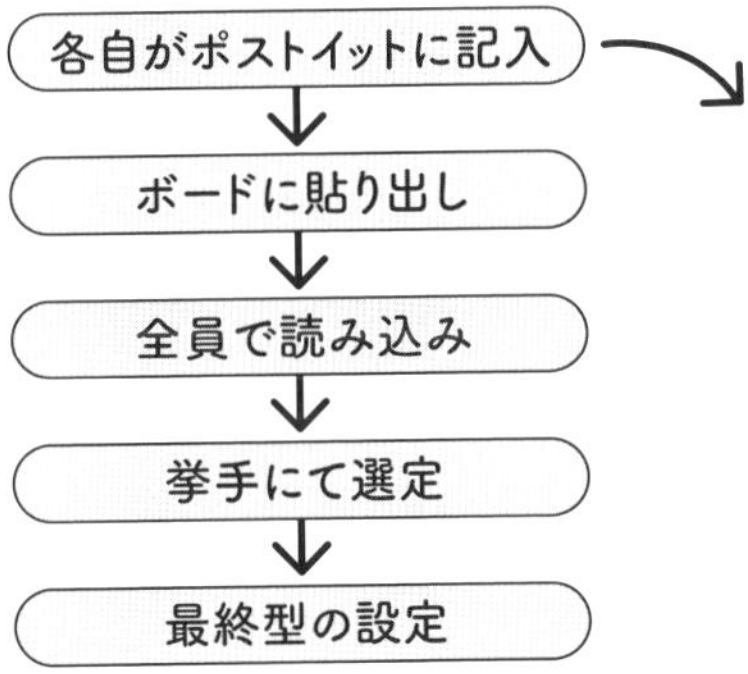

ポストイットに記入する
目標の書き方フォーマット

年　　月　　日までに（期限）

をすることで（行動の内容）

を達成する（計測できる結果・成果）

＊用意すべき備品については　　ページを参照してください。

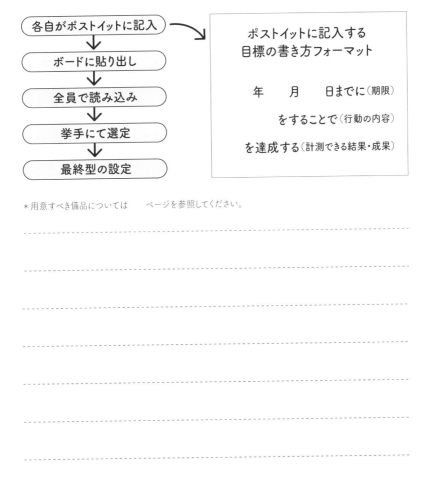

9. 課題をカテゴリー化する （→134ページ〜）

● 参加者がポストイットに書き出した課題をカテゴリーごとに分ける。

［カテゴリー化の例］
　人、商品、お金、組織・制度、経営・戦略、消費者との関係、ツール（システムや営業資料など）、広報宣伝

8. 課題の洗い出し （→ 131ページ～）

- ポストイットを使い、1枚に課題ひとつを記入。
  5分の制限時間で参加者に書けるだけ書いてもらう。
- 課題とは、自分の希望、願望、不満ではない。
  足りないこと、できていないことを中心に書き出してもらう。
  折衷案は中途半端な結果を生みやすいので厳禁。

11. 解決策の管理者・成果レベル・期限を設定する (→ 139ページ〜)

● 解決策ごとに管理者を決め、成果のレベル(数値化)、期限を決定する。
これがないと、せっかくの解決策が忘れ去られてしまう。
また、成果レベルは仮でもいいから必ず決める。
高めに設定することで目標は達成しやすくなる。

10. グループごとに討議（→ 136ページ～）

- 興味のあるカテゴリーを決めて挙手。偏りがある場合は、2番目に興味のあることは何かなど聞いて、カテゴリー別に人数を調整する。
- グループごとに話し合った内容は、代表が発表して全員で共有する。

12. アクションのリスト化とメンテナンス（→ 142ページ～）

- 11で設定できたら、話し合いの内容を可視化してチェックしやすくするためのリストを作成。
- 課題、解決策、成果レベル、進捗状況、管理者という5つを1枚のA4用紙にまとめる。
- 週に一度はメンバー全員で達成状況を確認する。

著者略歴

池本克之（いけもと　かつゆき）

組織学習経営コンサルタント
株式会社パジャ・ポス代表取締役
NPO 法人 Are You Happy? Japan 代表理事
1965 年神戸市生まれ。マーケティング会社、通販会社の経営を経て、ドクターシーラボ、ネットプライスなどの社長を経験。年商 3 億円の企業をわずか 4 年で 120 億円にするなど、両社の上場、成長に貢献し「成長請負人」と呼ばれる。現在は 7 社の社外取締役を務めつつ、コンサルタントとして一部上場企業からベンチャー企業まで 300 社以上を指導。右腕がいないばかりに傾いてしまった多くの優良な中小企業を目の当たりにし、社長の悲哀をつぶさに知ったことで、自らのノウハウを「組織学習経営（LOM）」として体系化。経営面でさまざまな悩みをもつ社長に提供し、業績の向上率 96.4% を超える結果を出している。著書に『年商 3 億円を 120 億円に変える仕事術』大和書房、『通販を極めた勝者が教える 40 倍稼ぐしくみ』PHP 研究所、『プロフェッショナル･リーダーの人を見極め、動かし、育てる法則』ダイヤモンド社、『上場請負人と呼ばれるプロ経営者が書いた 社長の勉強法』アスコム、『今いる仲間で「最強のチーム」をつくる』『今いる仲間で「勝手に稼ぐチーム」をつくる』ともに日本実業出版社、『年収の伸びしろは、休日の過ごし方で決まる』朝日新聞出版、『いまどき部下を動かす 39 のしかけ』三笠書房等多数。

今《いま》いる仲間《なかま》で「結果《けっか》が出《で》る会議《かいぎ》」をつくる

2019 年 5 月 5 日　初版第 1 刷発行

著　者　　池本 克之
発行者　　小山 隆之
発行所　　**株式会社実務教育出版**
163-8671 東京都新宿区新宿 1-1-12
電話　03-3355-1812（編集）　03-3355-1951（販売）
振替　00160-0-78270

印刷所　　精興社
製本所　　東京美術紙工

ISBN978-4-7889-1700-2 C0034